本书系国家社科基金青年项目“土地复垦监管的行政法研究”（15CFX056）研究成果。

土地复垦监管的行政法研究

赵谦——著

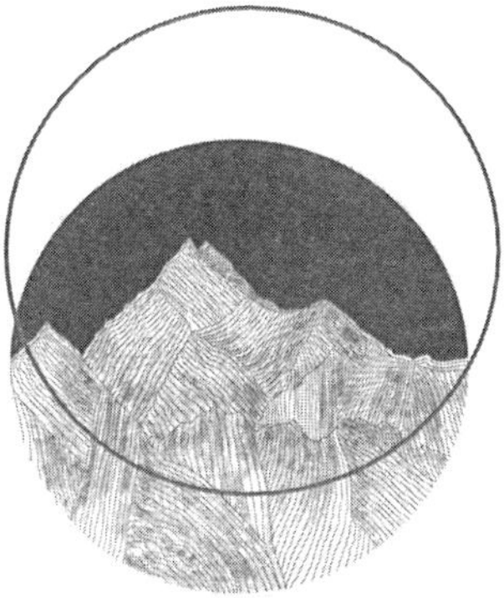

法律出版社 LAW PRESS·CHINA
北京

图书在版编目（CIP）数据

土地复垦监管的行政法研究 / 赵谦著. -- 北京 ： 法律出版社，2021
ISBN 978 - 7 - 5197 - 6024 - 3

Ⅰ. ①土… Ⅱ. ①赵… Ⅲ. ①复土造田 - 行政执法 - 研究 - 中国 Ⅳ. ①D922.305

中国版本图书馆 CIP 数据核字（2021）第 206648 号

土地复垦监管的行政法研究
TUDI FUKEN JIANGUAN DE XINGZHENGFA YANJIU

赵 谦 著

策划编辑 沈小英
责任编辑 程王刚
装帧设计 贾丹丹

出版发行 法律出版社
编辑统筹 法治与经济出版分社
责任校对 王晓萍 王语童
责任印制 吕亚莉
经　　销 新华书店

开本 A5
印张 6.875 **字数** 217 千
版本 2021 年 12 月第 1 版
印次 2021 年 12 月第 1 次印刷
印刷 北京虎彩文化传播有限公司

地址：北京市丰台区莲花池西里 7 号（100073）
网址：www.lawpress.com.cn
投稿邮箱：info@lawpress.com.cn
举报盗版邮箱：jbwq@lawpress.com.cn

销售电话：010 - 83938349
客服电话：010 - 83938350
咨询电话：010 - 63939796

书号：ISBN 978 - 7 - 5197 - 6024 - 3
定价：76.00 元

凡购买本社图书，如有印装错误，我社负责退换。电话：010 - 83938349

序　一

土地合理利用是我国《宪法》第10条第5款所确立的一项基本原则，旨在为一切使用土地的组织和个人合理利用土地确立根本遵循。土地复垦本身是一种土地使用行为，同时也是其他基于特定目的使用土地的前提和基础，理应遵循土地合理使用原则。作为政府土地监管行为的土地复垦监管，也应以土地合理利用为基本准则进行土地复垦监管，从而保证土地复垦这一典型恢复土地利用活动合法、合理、有效。这既是法治国家、法治政府建设的要求，也是实施全域土地综合整治战略的基本要求。

在土地复垦实践中，履行监管职责的相关政府职能部门应当注重监管实效，并尝试通过共同体维度的合作治理范式，来推动达成土地复垦的土地整治、环境治理目标,实现土地合理利用。然而,我国当前土地复垦及其监管相关立法,并未充分彰显宪法学与行政法学视野下监管理论的发展成果,加之囿于传统监管理念,在一定程度上导致了该领域政府监管绩效未能实现最优化,从而影响了我国土地复垦的效益增进。

赵谦教授的新作《土地复垦监管的行政法研究》正是围绕土地复垦监管法律规范和土地复垦具体问题而展开,以回应政府监管理论的发展变革。本书从土地复垦监管的共同体属性、土地复垦监管的组织规范、土地复垦监管行为、土地复垦监管理念、土地复垦监管要素等方面,对土地复垦监管问题展开了较为深入的研究。本书在立意、结构、论证等方面,展开了一定的创新性探讨,也尝试提出了一些有价值的学术观点。

土地复垦监管是政府监管理论在土地复垦领域的映射,引入部门行政法的研究范式是本书的首要亮点。但学界对土地复垦监管问题的关注较少,也鲜有著作从法学乃至宪法学与行政法学的学科视角对该问题展开专门研究。本书在发现土地复垦监管具体问题的基础上,尝试提供共同体维度、回应型治理、合作治理、激励型监管等方面的因应策略,在一定程度上展开了所涉行政法总论知识体系的检视与回馈性研究,有一定的学术意义,并为后续相关研究提供了可循的范式路径。

此外,本书的学术视野较为广延。其一,在监管理念、监管模式、监管行为等方面,对既有土地复垦监管制度展开体系性研究,尝试架构独具特色的土地复垦监管理论。其二,基于共同体理论,从监管法律关系与监管功能定位这两个方面,对土地复垦监管展开方法论层面的本源式研究,并试图确立自然环境要素平衡化与人文环境利益调适化的生态衡平复垦监管理念,促进土地复垦监管理念模式的重构。

赵谦教授是我指导的硕士、博士，看到他的专著付梓，感到由衷高兴。本书作为作者在土地整理、土地复垦所表征的土地整治领域长期研究的阶段性成果，将起到抛砖引玉的作用，吸引更多的学者来关注这一生僻领域。作为一部“小切口”的精耕之作，本书也会对我国土地复垦及土地整治监管体制机制的健全完善起到一定的推动作用。当然，本书作为一部“书斋”作品，所提出的监管理论和具体观点也有待在实践中进一步得到检验、丰富、发展。

是为序。

刘茂林*

2021 年 9 月 16 日

* 中国法学会宪法学研究会副会长，中南财经政法大学教授。

序　二

赵谦教授的新作《土地复垦监管的行政法研究》出版，甚感高兴。据我所知，这应当是他的第三部涉农法学著作。他在中南财经政法大学攻读宪法学与行政法学专业博士学位期间，毕业论文选题就写的是《我国土地整理立法的宪法依据论》，2014 年年底经修改成为《宪法依据问题研究：以我国土地整理立法为例》一书出版。次年，他又出版了专著《反哺农业立法问题研究：以重庆市为例》。赵谦任职的西南大学法学院将"三农法治"定位为优势学科方向。作为该院宪法学与行政法学的学科带头人，他坚持从法学角度研究农业农村问题，既表明了他一直的关注点和旨趣，也体现了他的爱岗敬业责任，还反映出他善于利用所在单位的有利研究条件和环境。

农业问题在我国具有基础和战略地位，党和国家始终高度重视，一直强调实行最严格的耕地保护制度，这是我国人多地少的基本国情使然，其对于维护国家粮食安全和社会稳定具有极端的重要性。土地复垦监管是耕地保护制度不可或缺的组成部分，因此，该著作的选题具有重要现实意义。土地复垦监管也是行政法学的问题之一，就政府监管理论而言，属于行政法学总论的知识原理；就土地复垦制度而言，则属于土地行政法、自然资源行政法的部门行政法制度范围。近年来，我国行政法学界对部门行政法的研究渐成热点，这是一个需要着力拓展的方向。本书尝试依循行政法总论的知识体系来展开对土地复垦监管法律规范及相应实施机制的解释性研究，则彰显了其部门行政法构建和发展的理论价值。同时，“土地整理”“土地复垦”所表征的土地整治法治尚属于行政法学界的冷门领域，因而研究这一问题，显然具有一定的开拓性。

本书没有落套于以往研究行政监管主要局限的具体方法、措施等问题，而是提炼出共同体属性论、组织规范论、行为选择论、行为规制论、行为体系论、理念进阶论和要素完善论这 7 个维度的理论问题来深入探讨，对应着行政法价值取向、行政组织法、行政行为法、行政救济法等行政法学的基本结构，形成了自己的“土地复垦监管”研究体系。在此基础上，以价值分析、规范分析、比较分析等方法展开行政法释义学层面价值与规范的交互性研究，在发现具体问题并提供对策的同时，反思行政法总论相关理论的发展和完善，这是一种值得肯定的研究方法。

本书所论及的共同体合作治理、回应型治理、激励型监管等，皆为目前宪法学与行政法学研究的前沿命题；从选择、规制与体系 3 个方面展开行政行为法的精细化研究较有特点，所论合作治理形式选择、合作监管的规制策略、合作治理范式适用的关键问题等见解颇具新意。此外,本书还综合运用法理学、宪法学、环境资源法学等法学其他门类及管理学、社会学的知识,展开旨在推动监管法律规范有效实施的探讨,有助于丰富土地复垦监管的多维研究进路,也能拓宽学科理论的研究视野,我认为应当鼓励积极尝试。

赵谦教授本、硕、博皆求学于中南财经政法大学,作为他曾经的行政法授课老师,我们有颇深的师生兼同行情谊。他毕业任职高校后,我俩之间常以各种方式交流,我一直关注着他的学术发展。宪法学与行政法学专业的硕博攻读和以后在西南政法大学法学理论专业的博士后研究,使他有了较扎实的法学理论和宪法学、行政法学功底。这种学术经历和知识结构为他从学科理论的高度来提炼、观察、分析和解决问题奠定了基础。期待他在农业农村法治建设领域继续深入研究,有更多的好作品问世。

是为序。

[*]

2021 年 9 月 18 日于晓南湖

---

* 中国法学会行政法学研究会副会长,中南财经政法大学教授。

目录

引　言

土地复垦，是一种对生产建设损毁和历史遗留、自然灾害损毁的土地进行恢复利用，以提高土地利用率的土地整治活动；也是实现针对水土流失之环境治理的重要方法与途径。土地复垦监管，则是有关政府职能部门根据相关规范设定，基于必要的绩效目的考量，针对土地复垦活动各个环节所进行的全过程监督与规制。该类监管作为建立最严格的土地管理制度、大力推进耕地保护和节约集约用地的有力举措，是与土地整理（土地开发、农用地整理）监管及建设用地整治监管相互交织而成的“土地整治监管”范畴中的一种具体样态。其大体上可分为前（标准、规划、方案）、中（年报、信息监测、资金管理、实施）、后（验收、效益评价）3 个阶段，在土地复垦活动依法管理、协作、自治的行为过程中通过各种手段来实施相关立法。

土地复垦监管旨在落实《中共中央关于全面深化改革若干重大问题的决定》第20条所明确的“最严格的耕地保护”①理念，并具体践行中国共产党第十九次全国代表大会报告在“九、加快生态文明体制改革，建设美丽中国”中“（三）加大生态系统保护力度”确立的“严格保护耕地”②基本原则。此外，土地复垦监管既是《中共中央关于全面推进依法治国若干重大问题的决定》在“五、增强全民法治观念，推进法治社会建设”中“（二）推进多层次多领域依法治理”规定的“提高社会治理法治化水平”③的一项重要内容，也是《中共中央关于坚持和完善中国特色社会主义制度　推进国家治理体系和治理能力现代化若干重大问题的决定》在“九、坚持和完善共建共治共享的社会治理制度，保持社会稳定、维护国家安全”中规定的“建设社会治理共同体”④的一类具体进路。

土地复垦监管的行政法研究，即以土地复垦监管法律规范及

① 《中共中央关于全面深化改革若干重大问题的决定》，载《人民日报》2013年11月16日，第1版。

② 习近平：《决胜全面建成小康社会　夺取新时代中国特色社会主义伟大胜利》，载《人民日报》2017年10月28日，第1版。

③ 《中共中央关于全面推进依法治国若干重大问题的决定》，载《人民日报》2014年10月29日，第1版。

④ 《中共中央关于坚持和完善中国特色社会主义制度　推进国家治理体系和治理能力现代化若干重大问题的决定》，载《人民日报》2019年11月6日，第1版。

相应实施机制为研究范畴，应用部门行政法[1]的研究范式，以行政法总论的知识体系为“理想类型”[2]，从土地行政法[3]、自然资源行政法[4]、公私合作行政法[5]的角度来解析相关规范设定，在发现土地复垦监管具体问题并提供共同体维度[6]、回应型治理[7]、合作治理[8]、激励型监管[9]等范式之因应策略的同时，从具体领域来印证、反思行政法总论[10]的知识体系所涉相关理论。

近年来，国内外学界就土地复垦监管法律规范及相应实施机

---

① 参见贺善征：《分类行政法与部门行政法》，载《河北法学》1987 年第 3 期；关保英：《论市场经济与部门行政法及其独立》，载《法商研究（中南政法学院学报）》1995 年第 4 期；宋华琳、邵蓉：《部门行政法研究初探》，载《浙江省政法管理干部学院学报》2000 年第 2 期；孟鸿志：《论部门行政法的规范和调整对象》，载《中国法学》2001 年第 5 期；余凌云：《部门行政法的发展与建构：以警察（行政）法学为个案的分析》，载《法学家》2006 年第 5 期；宋华琳：《部门行政法与行政法总论的改革：以药品行政领域为例证》，载《当代法学》2010 年第 2 期；金自宁：《风险中的行政法》，法律出版社 2014 年版；宋华琳：《药品行政法专论》，清华大学出版社 2015 年版；伏创宇：《核能规制与行政法体系的变革》，北京大学出版社 2017 年版；章志远：《部门行政法专论》，法律出版社 2017 年版。

② ［德］马克斯·韦伯：《社会科学方法论》，韩水法、莫茜译，中央编译出版社 1999 年版，第 16 页。

③ 参见张小华主编：《土地行政法》，中国人事出版社 1993 年版；皮纯协主编：《新土地管理法理论与适用》，中国法制出版社 1999 年版。

④ 参见关保英主编：《自然资源行政法新论》，中国政法大学出版社 2008 年版。

⑤ 参见杨寅：《公私法的汇合与行政法演进》，载《中国法学》2004 年第 2 期；陈军：《变化与回应：公私合作的行政法研究》，中国政法大学出版社 2014 年版。

⑥ 参见［德］斐迪南·滕尼斯：《共同体与社会——纯粹社会学的基本概念》，林荣远译，商务印书馆 1999 年版；［英］齐格蒙特·鲍曼：《共同体：在一个不确定的世界中寻找安全》，欧阳景根译，江苏人民出版社 2003 年版。

⑦ 参见［美］诺内特、［美］塞尔兹尼克：《转变中的法律与社会：迈向回应型法》，张志铭译，中国政法大学出版社 1994 年版。

⑧ 参见［美］朱迪·弗里曼：《合作治理与新行政法》，毕洪海、陈标冲译，商务印书馆 2010 年版。

⑨ 参见李沫：《激励型监管研究：以行政法学为视角》，法律出版社 2013 年版。

⑩ 参见［德］施密特·阿斯曼：《秩序理念下的行政法体系建构》，林明锵等译，北京大学出版社 2012 年版。

制展开了一定研究。其一，土地复垦立法及相关制度研究。论者认为，在对土地复垦立法实现修改或创新的前提下，平衡相关法律原则与政策倾向是推动土地复垦有效运营的必要前提[①]；土地复垦资金及土地复垦项目的监管是土地复垦监管的核心问题[②]，应完善相关立法[③]，以健全相应承包合同制度[④]、地籍管理制度[⑤]、保证金制度[⑥]、竣工验收制度[⑦]、专项规划制度[⑧]、资金保障制度[⑨]、产权制度[⑩]、公众参与制度[⑪]。其二，土地复垦监管模式及实效研究。论者认为，基于包括媒体、各类社会组织在内多方主体的协助，由强有力的政府来实施土地复垦监管才是最具实效的监

---

① See Charles Coate, *You Put Politics in the Scale: Stewart L. Udall and Excess Land Law in California, 1961 - 1968*, 38 The Social Science Journal (2001). Karolina Krolikowska et al., *Institutional and Environmental Issues in Land Reclamation Systems Maintenance*, 12 Environmental Science & Policy (2009).

② 参见还强：《建立土地开发复垦资金的监管机制》，载《浙江财税与会计》1996 年第 10 期。

③ 参见杨慧娟：《采矿塌陷区土地复垦立法及完善》，载《中国土地》2012 年第 1 期。

④ 参见冀蓓红：《浅议土地复垦承包合同》，载《云南法学》1999 年第 4 期。

⑤ 参见马清利、从第胜等：《矿井土地复垦区地籍管理中地籍调查研究》，载《淮南职业技术学院学报》2007 年第 1 期。

⑥ 参见程琳琳：《矿区土地复垦保证金制度实践现状及研究进展》，载《中国矿业》2010 年第 1 期。

⑦ 参见丁江、黄愈等：《土地整理复垦项目竣工验收与后评价指标体系研究及应用系统开发》，载《中国土地科学》2011 年第 9 期。

⑧ 参见周进生：《矿区土地复垦规划研究》，载《国土资源》2004 年第 3 期。

⑨ 参见王敬、肖文等：《浅析矿区土地复垦资金保障制度》，载《中国土地》2013 年第 6 期。

⑩ 参见师学义、陈丽：《我国矿区土地复垦利用的困境——产权与政策层面分析》，载《能源环境保护》2006 年第 2 期。

⑪ 参见张弘、白中科等：《矿山土地复垦公众参与内在机制及其利益相关者分析》，载《中国土地科学》2013 年第 8 期。

管模式[①];土地复垦监管的有效性取决于公众与社会组织的参与程度[②],特别强调在利益刺激与补偿机制推动下农户家庭的参与[③]。其三,土地复垦监管技术手段研究。论者认为,应运用信息监测网络技术、遥感技术等手段提高土地复垦监管工作效率,并分析其应用前景[④];还可运用全生命周期与过程管理的方法,研究矿山土地复垦全生命周期监管及信息化监管指标,进而运用分布式面向服务的 B/S 分层架构设计理念,设计矿山土地复垦监管信息系统[⑤]。其四,土地复垦监管体制机制研究。论者认为,应在分析我国土地复垦监管影响因素[⑥],总结监管工作阶段性特点的基础上,分析其发展趋势并展开土地复垦监管体系建设[⑦],

---

① See Yoshiko Ohkura, *The Roles and Limitations of Newspapers in Environmental Reporting. Case Study: Isahaya Bay Land Reclamation Project Issue*, 47 Marine Pollution Bulletin (2003). Lawrence W. C. Lai et al., *A Catallactic Framework of Government Land Reclamation: The Case of Hong Kong and Shenzhen*, 44 Habitat International (2014).

② See L. O. Z. Onyewotu et al., *Reclamation of Desertified Farmlands and Consequences for its Farmers in Semiarid Northern Nigeria: A Case Study of Yambawa Rehabilitation Scheme*, 17 Arid Land Research and Management (2003). Athanasios Kampas et al., *Rapid Assessment of Irrigation Full Cost: An Application for the Pinios Local Organization for Land Reclamation, Greece*, 6 Water Resources and Economics (2014).

③ See Laura Lovett, *Land Reclamation as Family Reclamation: The Family Ideal in George Maxwell's Reclamation and Resettlement Campaigns*, 1897 - 1933, 7 Social Politics (2000).

④ 参见孟宪素、李少帅:《遥感技术在土地整理复垦开发项目监管工作中的应用实践》,载《资源与产业》2009 年第 2 期。

⑤ 参见周妍等:《土地复垦管理方法与途径》,中国大地出版社 2016 年版。

⑥ 参见宋雪姣:《土地复垦监管影响因素浅析》,载《中国土地》2014 年第 6 期。

⑦ 参见周妍、白中科等:《中国土地复垦监管体系问题与对策》,载《中国土地科学》2014 年第 2 期。

有针对性地加强土地复垦行业全面监管[①]。

虽然国内土地复垦立法及相关制度已有研究更为系统、全面，且在监管技术手段、监管体制机制研究方面更为具体、深入，但在土地复垦监管模式及实效研究方面还存在一定的不足。我国土地复垦的独有特点及相关立法的现状，需要展开新的复合型、本土化研究。国内相关研究大体上是在土地复垦管理、土地复垦技术手段与方法、土地复垦法律制度建构、土地监管的研究中附带性地涉及土地复垦监管问题。已有研究较少基于法学视角展开，土地行政法、自然资源行政法的角度更是鲜有涉及，主要从土地资源管理、农村社会发展、采矿工程与水土保持的管理学、社会学乃至工学视角进行解析。有限的相关法律问题研究，往往囿于应然层面的立法建构，很少涉及土地复垦监管所表征之实然层面的立法实施，更毋庸说运用部门行政法的研究范式，来实现行政法总论的知识体系所涉相关理论之指引与回应。土地复垦监管的行政法研究，可延续土地复垦监管所表征之土地行政法、自然资源行政法、公私合作行政法的已有研究脉络，并尝试确立科学、完备的相应研究路径，从而在该具体领域中累积素材、凝聚观点、检验方法。最终，以之为实证样本，抽象出一些更具普遍意义的研究结论来指引其他相关部门行政法，完成对行政法总论的知识体系所涉相关理论之印证与反思。

我国土地复垦实践则始于20世纪50年代。《全国土地整治规划(2011—2015年)》明确提出了通过“损毁土地复垦补充耕

---

① 参见贺振伟、白中科等:《中国土地复垦监管现状与阶段性特征》，载《中国土地科学》2012年第7期。

地 28.3 万公顷(425 万亩)”①的目标,《全国土地整治规划(2016—2020 年)》则提出了“生产建设活动新损毁土地全面复垦,自然灾害损毁土地及时复垦,大力推进历史遗留损毁土地复垦,复垦率达到 45% 以上”②的目标,从而将土地复垦上升为国家层面的战略部署,使之成为坚守“18 亿亩耕地红线”的重要平台。近年来,以 2011 年《土地复垦条例》(以下简称《条例》)和《土地复垦条例实施办法》(2012 年制定,2019 年修改)(以下简称《实施办法》)为核心的土地复垦立法已初具规模,在高、低位阶的立法中分别存在相关原则性、专门性、实施性规定。在相关监管法律规范的指引下,初步建立相应实施机制。涉及制定标准、编制专项规划、方案审查、年报与信息监测、资金与项目管理、质量验收等方面的土地复垦监管体系基本形成,土地复垦被积极推进。但是,当前土地复垦监管工作中存在的监管主体不明晰③、监管机构建设滞后④、监管客体较狭隘⑤、监管方式不全面⑥、监管执行

① 《国土资源部关于发布实施〈全国土地整治规划(2011—2015 年)〉的通知》,载北大法宝网 2012 年 3 月 27 日,http://www.pkulaw.cn/fulltext_form.aspx? Db = chl&Gid = 157ad5a13c47a570bdfb&keyword = % e5% 9c% 9f% e5% 9c% b0% e6% 95% b4% e6% b2% bb% e8% a7% 84% e5% 88% 92&EncodingName = &Search _ Mode = like&Search_IsTitle = 0。

② 《国土资源部 国家发展和改革委员会关于印发〈全国土地整治规划(2016—2020 年)〉的通知》,载中国土地学会网,http://www.clss.org.cn/xwdt/201703/t20170301_1441285.htm。

③ 参见贺振伟、白中科等:《中国土地复垦监管现状与阶段性特征》,载《中国土地科学》2012 年第 7 期。

④ 参见周妍、白中科等:《中国土地复垦监管体系问题与对策》,载《中国土地科学》2014 年第 2 期。

⑤ 参见周妍:《矿山土地复垦全生命周期监管体系及信息化研究》,中国地质大学(北京)2014 年博士学位论文,第 42 ~ 43 页。

⑥ 参见何苗、陈风林等:《土地复垦监管现状与阶段性特征》,载《科技展望》2015 年第 19 期。

不力①等问题，则意味着相关立法的实施仍有不足，进而成为我国土地复垦效益增进、目标规划与基本原则实行必须解决的问题。

综上所述，国内外已有研究既不足以实现土地复垦监管所表征之土地行政法、自然资源行政法、公私合作行政法的持续、深入研究，也不足以有针对性地解决存在于我国土地复垦监管工作中的具体问题。应结合法理学、宪法学、环境资源法学等法学其他门类及管理学、社会学的知识工具，基于部门行政法的研究范式就土地复垦监管法律规范及相应实施机制展开综合研究。土地复垦监管的行政法研究可针对前述具体问题从土地行政法、自然资源行政法、公私合作行政法的角度提出系统的共同体维度、回应型治理、合作治理、激励型监管等范式之对策建议，进而推动完善我国土地复垦监管法律规范并建立相应有效实施机制。基于此，本书设置了共同体属性论、组织规范论、行为选择论、行为规制论、行为体系论、理念进阶论和要素完善论这 7 个研究单元。尝试从行政法价值取向、行政组织法、行政行为法、行政救济法等方面，运用价值分析、规范分析、比较研究等研究方法，来展开“描述—经验、逻辑—分析和规范—实践”②维度的系统研究，从而分别成就本书的 7 章。

第 1 单元即“第一章　土地复垦监管的共同体属性论”，主要从行政法价值取向方面来展开相应的监管范式研究，进而尝试从监管法律关系与监管功能定位这两个方面来为后续研究提供必

---

① 参见国土资源部土地整治中心:《土地整治蓝皮书:中国土地整治发展研究报告(No.1)》,社会科学文献出版社 2014 年版,第 98 ~115 页。

② ［德］罗伯特·阿列克西:《法律论证理论——作为法律证立理论的理性论辩理论》,舒国滢译,中国法制出版社 2002 年版,第 311 页。

要的方法论指引。本章基于共同体理论对土地复垦监管展开方法论层面的本源式研究，有助于重构相关监管机制的理念模式，以实现对既存现实问题的整全性校正。土地复垦监管共同体是一种存续于土地复垦领域，以有效解决相关监管机制中各类具体问题的共同社会治理生活。其成就与否，往往取决于共同体所特有的关系属性、功能属性能否在土地复垦监管中彰显出来。该类共同体应具备的互助性关系属性往往通过共同体成员之间的互助，以及共同体与其成员之间的互助而显现出来，应当基于其互助性关系属性来诠释土地复垦监管法律关系的主体、客体及内容。该类共同体应具备的自足性功能属性，往往通过共同体系统调整功能与纠纷解决功能的自足性而显现出来，应当基于其自足性功能属性来调整土地复垦监管规范设定理念，并对相关规范设定中不够周延的相应主体规范、权属规范、保证金规范予以充实。

第2单元即“第二章　土地复垦监管的组织规范论”，主要从行政组织法和行政救济法方面来展开相应的监管组织研究。所涉土地复垦监管组织条款既是监管主体维度下构建完善土地复垦监管体系的必要规范指引，也是在该微观领域印证、反思相应行政权配置、公务员管理理论的基本制度载体。本章基于机构能力这一命题，在法释义学范式的指引下，探讨该类条款所涉土地复垦监管机构建制、治理要义的规范评判与规范设定问题。土地复垦监管机构建制条款主要涉及相关监管机构的机构设置与职权配备事项，基于所涉法律机构“开放的权威”要义检视该类条款，发现其在部门协同、职权互动规范设定上存在缺失。则应在鼓励协商要素的指引下确立土地复垦监管部门协同形式、协同内容规范，在欢迎批评要素的指引下确立土地复垦监管部门职权清单、权责信息公开规范。土地复垦监管机构治理条款主要涉及相关监管机构的人员管理与责任保障事项，基于所涉法律机构“参与性的权威”要义检视该类条款，发现其在任职保障、框架性制裁规范设定上存在不足。应在决策理由说明要素的指引下确立土地复垦监管人员履职能力基准、实效化在职培训规范，在合理性检验要素的指引下确立土地复垦监管内部制裁权威包容性、方式整全化规范。

第3单元即“第三章　土地复垦监管的行为选择论”，主要从行政法价值取向和行政行为法方面来展开相应的监管行为研究。本章旨在厘清土地复垦监管行为规范的合作治理形式选择，即根据相关主体性意愿的指引，阐明合作治理范式在土地复垦监管行为领域展开具体运用的现实性乃至可能的规范设定面向，进而尝试在相应行为规范维度来印证、具象行政行为法理论的发展任务命题。土地复垦监管行为的形式选择往往与相应的合作治理主体性意愿有关，该意愿主要表征为利益导向、工具载体以及协同组织选择意愿。应厘清该类选择意愿指引于土地复垦监管行为规范所分别呈现的逐利心态与信任习惯选择、科学事实工具与行政规制工具选择、内部协同组织与外部协同组织选择。故而，土地复垦监管行为在行为观念和当事人方面与合作治理的主体性意愿在一定程度上是相互耦合的，有必要构建一种合作行政模式下的治理型土地复垦监管行为规范。

第4单元即“第四章　土地复垦监管的行为规制论”，主要从行政行为法方面来展开相应的监管行为研究。土地复垦监管作为一种土地整治领域中典型公私法因素交互作用的复合行政行为，兼具管理、协作、自治属性。其在命令—控制型规制层面彰显的理念模式和自我规制层面蕴含的素质结构要求，与合作监管的价值预设是基本契合的。本章旨在探究土地复垦合作监管的规制策略，以尝试具象行为活动方式之行政行为理论发展任务命题。有必要依循合作监管在当事人维度的双轨化规制进路，来厘清土地复垦合作监管应适用的开放性控制与衡平化自律之规制策略，进而解析主观形式化的行为活动方式命题。最终，在相应监管制度中，从开放性控制理念模式和衡平化自律素质结构要求这两个方面，来明晰土地复垦合作监管行为在规制与自我规制层面的规范设定方向。

第5单元即"第五章　土地复垦监管的行为体系论"，主要从行政行为法方面来展开相应的监管行为研究。土地复垦合作监管即是将合作治理范式适用于监督、规制土地复垦活动的一种行为过程。可尝试以能力要素、对口协商和信息公开这3个关键问题为突破口，在土地复垦监管行为规范样本中，来解析客观严密化的行为内部体系要义，进而检视相应的行政行为法理论所涉行为素质、行为协同与行为互动命题。行为素质命题主要凸显于作为行政相对人之土地复垦责任主体和权利人的实践精神面向，旨在提升相关当事人参与土地复垦监管活动的能力要素。行为协同命题主要凸显于行政主体维度中土地复垦监管对口协商机制的程序与实体面向，旨在弥合相关当事人之间的权力行使资源与法律地位分歧。行为互动命题主要凸显于作为行政主体与行政相对人之两类土地复垦监管当事人的沟通渠道面向，旨在确保相关当事人之间实现无障碍化信息公开。

第6单元即"第六章　土地复垦监管的理念进阶论"，主要从行政法价值取向和行政救济法方面来展开相应的监管理念研究。厘清我国土地复垦立法在复垦监管理念面向的规范完善进路，应基于自然环境要素平衡化监管理念，推动我国所涉整体生态效益规范和局部环境要素规范的平衡化功能整合；应基于人文环境利益调适化监管理念，促进我国所涉社会公共利益规范和公民个体利益规范的调适化法益衡平。

第7单元即“第七章　土地复垦监管的要素完善论”，主要从行政组织法和行政救济法方面来展开相应的监管要素研究。尝试探寻我国土地复垦立法在监管主体、监管客体和监管法律责任之监管要素相关规范设定方面可能的完善路径，应在土地复垦监管主体所涉组织架构和职权配备事项设定中，凸显权益保障化、效率化、效益化、程序化之服务型要义；应在土地复垦监管客体所涉损毁土地的界定基准、规程事项设定中，凸显实用性、可操作性、制约型、阶段化之标准化要义；应在土地复垦监管法律责任所涉罚则设定和责任减免事项设定中，凸显惩罚性、矫正性、可行性、国家动态干预之复合化要义。

第一章　土地复垦监管的共同体属性论

近年来，学界就土地复垦监管问题已经进行了一定的探索，大多在土地复垦监测[①]、土地复垦法律制度[②]、土地复垦资金保障[③]、土地复垦体系构建[④]等问题的研究中，附带性地涉及土地复垦监管问题。也有部分学者从微观的角度对土地复垦监管展开了具体研究，“应按照国家资金管理的相关政策，土地复垦管理部门、复垦义务人、施工单位均设立财务部，进行

---

① 参见周伟、曹银贵等：《煤炭矿区土地复垦监测指标探讨》，载《中国土地科学》2012 年第 11 期。

② 参见张通：《中国矿区土地复垦法律制度研究》，昆明理工大学 2012 年硕士学位论文，第 22～39 页。

③ 参见崔艳、白中科等：《土地复垦资金保障初探》，载《金属矿山》2011 年第 9 期。

④ 参见路文丽、郭颖良等：《土地复垦体系构建研究》，载《现代农业科技》2012 年第 6 期。

专门的复垦资金管理"[①];"应建立专业化和层级化管理机构、加强部门协同、单列矿业用地指标、加强信息化监管、研制土地复垦实施与监管系列标准"[②];"应集公众的智慧与力量,不断探索土地复垦监管的方式与方法"[③];"应加强监督机制,确保资金独立核算和专款专用"[④]。还有学者就相对宏观的土地复垦监管基础理论展开了专门研究,"应从监管依据、主体、对象、目标、环节、机制、手段、标准等方面构建完善土地复垦监管体系"[⑤];"应运用系统论的基本原理,分析土地复垦监管体系的外部环境、构成要素及其相互作用的特点和规律,完善土地复垦监管系统的结构和功能"[⑥]。

上述研究大体上皆将"土地复垦监管"作为一种相对静态的社会事实抑或规范事实,基于较为传统的问题对策式分析路径展开。有助于重构相关监管机制的理念模式,进而实现对既存现实问题的"整全性"[⑦]校正。共同体作为一种经典的社会学、政治学、法哲学理论,可为展开这样的本源式研究提供必要的知识工具。"共同体生活实质是一种能思考、能意识并以一定的目的而

---

① 杨延君:《土地复垦方案实施存在的问题及对策研究》,中国地质大学(武汉)2010年硕士学位论文,第43页。

② 周妍、白中科等:《中国土地复垦监管体系问题与对策》,载《中国土地科学》2014年第2期。

③ 宋雪姣:《土地复垦监管影响因素浅析》,载《中国土地》2014年第6期。

④ 王杰:《土地复垦法研究》,中国海洋大学2008年硕士学位论文,第36页。

⑤ 周妍、白中科等:《中国土地复垦监管体系问题与对策》,载《中国土地科学》2014年第2期。

⑥ 周妍:《矿山土地复垦全生命周期监管体系及信息化研究》,中国地质大学(北京)2014年博士学位论文,第30~31页。

⑦ 王俊龙:《整全性:逻辑新论——以中西思想交叉结合的三条思路为线索》,载《河南大学学报(社会科学版)》2011年第1期。

行动的不同个体之间相互交往的生活。”①一方面，监管是共同体的应有之义。在各类共同体中，相互联合的各成员，基于自身需求有目的地实施外部活动时，为保证共同体的合理、有序运营，皆需要一定的权威干预以及表征权威干预的各类监管手段。另一方面，共同体也是实现合理有效监管的可行载体、途径。各类共同体能为相应监管活动的切实推进提供必要的“互助性”②参与平台，通过基于共同需求而相互交往的“自足性”③公共治理生活，不同成员相互协作、各司其职以实现合理有效监管。

土地复垦作为一种土地整治活动与环境治理活动，在事实上也是一类“公共利益的公共因素与契约的私法因素糅合”④的具体领域。土地复垦监管共同体即一种存续于该领域的，得到共同体成员广泛认同的，实现“管理、协作、自治”⑤之个体间相互交往的，以有效解决土地复垦监管机制中各类具体问题的共同“社会治理”生活。该类生活成就与否，往往取决于相关个体间相互交往的行动方式，即共同体所特有的关系属性与功能属性能否在土地复垦监管中彰显出来。可基于此来解析土地复垦监管共同体这一理想类型应具备的特有属性，进而在土地复垦监管实践活动中，探寻践行共同体理论以证成该理想类型的可行途径。

---

① 赵谦：《构建校园警务共同体之思考》，载《青少年犯罪问题》2012年第6期。

② 赵谦：《专业合作社法实施中的农民参与困境及校正——以重庆为例》，载《法学》2012年第3期。

③ 赵谦：《构建校园警务共同体之思考》，载《青少年犯罪问题》2012年第6期。

④ ［德］哈贝马斯：《公共领域的结构转型》，曹卫东、王晓钰等译，学林出版社1999年版，第179页。

⑤ 赵谦：《构筑我国土地整理的法律保障》，载《光明日报》2014年1月11日，第6版。

第一节 土地复垦监管共同体的互助性关系属性

探究土地复垦监管共同体的互助性关系属性，应立足于作为理想类型之共同体的关系类型而具体展开。共同体内部存续的关系大致可界分为3类：其一，有机结合关系；其二，相互依附关系；其三，默认一致关系。这3类关系共同赋予了共同体关系属性之互助特性，以实现“共同体成员之间的互助、共同体与其成员之间的互助”①。可基于此来解析土地复垦监管共同体在共同体成员之间和共同体与其成员之间应具备的互助性关系属性，以诠释该类共同“社会治理”生活所涉法律关系的主体、客体及内容事项。

一、土地复垦监管共同体成员之间的互助

土地复垦监管共同体成员之间的互助，往往基于土地复垦监管共同体各方成员彼此间的有机结合而实现。土地复垦监管共同体成员即各类土地复垦监管当事人，主要包括土地复垦监管主体、土地复垦责任主体和土地复垦权利人。这3类当事人共同行动于土地复垦全过程各环节，而分别生成土地复垦前（标准、规划、方案）、中（年报、信息监测、资金管理、实施）、后（验收、效益评价）之全过程各环节监管责任行为。在各类当事人的一致行动过程中，应基于“政治合作美德”②而“以公正制度为所有成员的

① 赵谦：《构建校园警务共同体之思考》，载《青少年犯罪问题》2012年第6期。

② ［美］约翰·罗尔斯：《政治自由主义》，万俊人译，译林出版社2000年版，第167页。

共有目的、以公正制度为善之社会联合形式"①来开展活动。

（一）土地复垦监管主体之间的互助

土地复垦监管主体可分为作为主要监管部门的自然资源（国土资源）主管部门和作为辅助监管部门的财政部门、审计部门、纪检监察部门。首先，自然资源（国土资源）主管部门实施全过程监管。该类监管具体指向生产建设损毁和历史遗留、自然灾害损毁之两类土地复垦活动。其次，财政部门实施资金监管。该类监管具体指向土地复垦义务人缴纳土地复垦费的征收标准与使用，以及政府拨付土地复垦资金的预算与使用。再次，审计部门实施绩效监管。该类监管具体指向土地复垦费与政府拨付土地复垦资金的运营绩效，以及土地复垦项目的验收。最后，纪检监察部门实施人员监管。该类监管具体指向参与土地复垦国家机关的主要负责人员、直接责任人员和其他工作人员的行为。概言之，上述监管主体在推进实现协作监管所保障之"公正制度的善"的同时，应彰显其在土地复垦监管这样的共同社会治理活动中的预设监管权威，以发挥主导作用并扮演重要角色。

（二）土地复垦责任主体之间的互助

土地复垦责任主体即土地复垦行为人，包括土地复垦义务人和参与土地复垦的其他行为人。其中生产建设损毁土地的复垦义务人为生产建设单位或个人，历史遗留、自然灾害损毁土地的复垦义务人则为县级以上人民政府。概言之，上述责任主体既应在恪守土地复垦监管中预设的监管权威的前提下，基于监管主体的督促、保障而开展土地复垦具体工作；还应凸显主体意识、参与

① ［美］约翰·罗尔斯：《正义论》，何怀宏、何包钢等译，中国社会科学出版社1988年版，第514～516页。

意识,以达致其对土地复垦监管主体的反向监督。

(三)土地复垦权利人之间的互助

土地复垦权利人主要可分为所有权人、管理权人、生产建设收益权人、投资收益权人和承包经营权人5类。所涉农村集体经济组织主要作为相关集体所有土地的所有权人,所涉县级以上人民政府主要作为相关全民所有自然资源的管理权人,所涉土地复垦义务人主要作为相关生产建设收益权人,所涉营利性社会组织主要作为相关投资收益权人,所涉农民主要作为相关承包经营权人。概言之,上述权利人在参与相应政府监管,完成确立"'政府主导、国土搭台、部门联动、群众参与、整合资源、整体推进'的工作机制"①之"社会联合"监管机制的同时,还应充分发挥其在土地复垦监管中抽象利益与具体利益之利益平衡过程中的制约作用。事实上,土地复垦权利人与各类土地复垦行为人皆是依循土地复垦项目相关合同来开展活动的,一定范围内"两者身份随合同约定权利义务之不同亦可互换"②。

二、土地复垦监管共同体与其成员之间的互助

土地复垦监管共同体与其成员之间的互助,往往基于相互依附前提下,土地复垦监管共同体与共同体各方成员生成的默认一致行动而实现。该类互助主要表现为共同体成员在构建共同体过程中发挥的作用,以及共同体对共同体成员的回馈。相应的作

---

① 《国土资源部关于发布实施〈全国土地整治规划(2011—2015年)〉的通知》,载北大法宝网2012年3月27日,http://www.pkulaw.cn/fulltext_form.aspx? Db = chl&Gid = 157ad5a13c47a570bdfb&keyword = % e5% 9c% 9f% e5% 9c% b0% e6% 95% b4% e6% b2% bb% e8% a7% 84% e5% 88% 92&EncodingName = &Search_Mode = like&Search_IsTitle = 0。

② 赵谦、窦继萍:《论土地整理监管法律关系》,载《湖北警官学院学报》2014年第5期。

用与回馈通常显现于共同体蕴含之“企图、正义或合目的性考量”①的达致过程。

（一）土地复垦监管共同体与监管主体之间的互助

两类监管部门所表征的监管主体既是相关法规、规章、政策措施、规划、技术规程和标准的决策者，也是土地复垦项目全过程的管理、监督检查者。该类成员作为共同体中的既有权威，应当主要在维护共同体“合目的性考量”之自身秩序过程中发挥引领作用。其所维护的土地复垦监管行为秩序、监管关系秩序，旨在确立土地复垦实践活动的一致性、连续性和确定性，进而实现对共同体三方成员有序化活动进展的保障回馈。

（二）土地复垦监管共同体与责任主体之间的互助

土地复垦行为人所表征的责任主体既是土地复垦费的实际使用者，也是土地复垦工程的具体实施者。该类成员作为共同体中的既有权威受众方，应当主要在确保共同体目标“正义”达成过程中发挥主导作用，并在维护共同体自身秩序过程中发挥配合作用。其所确保的目标“正义”，即通过复垦活动使得各类损毁土地达到可供利用的状态。该目标旨在厘清土地复垦实践活动的指导思想、具体内容以及运作程序的“正义”评判基准，进而实现对共同体三方成员高效化活动进展的价值回馈。

（三）土地复垦监管共同体与权利人之间的互助

各类所有权人、收益权人、经营权人所表征的权利人虽是土地复垦实践活动的具体受益者，但也可参与土地复垦项目的实际运营。该类成员既可作为共同体中的利益分配制约方，也可成为

---

① ［德］卡尔·拉伦茨：《法学方法论》，陈爱娥译，商务印书馆2003年版，第94～95页。

共同体中的既有权威受众方，应当主要在实现共同体利益“企图”指向过程中发挥制约作用，并在确保共同体目标“正义”达成过程中发挥协调作用。其所实现的利益即土地复垦费安全高效使用之抽象利益、土地复垦相关权属及权属调整之具体利益。该利益旨在明晰土地复垦实践活动规模效益最大化、相关权利人收益可持续化的指向，进而实现对共同体三方成员科学化活动进展的效益回馈。

三、基于互助性关系属性厘清土地复垦监管法律关系

厘清土地复垦监管法律关系，是彰显土地复垦监管共同体互助性关系属性的逻辑起点。应当基于土地复垦监管共同体的互助性关系属性，来诠释土地复垦监管法律关系的主体、客体及内容。

（一）土地复垦监管法律关系的主体

土地复垦监管共同体中的法律关系主体界分，应依循共同体成员的基本维度，即以3类土地复垦监管当事人作为土地复垦监管法律关系的主体。土地复垦监管主体、土地复垦责任主体和土地复垦权利人这三方主体基于不同行为方式，在保障、实现己方利益的同时，也要回应、兼顾共同体内其他成员的利益诉求。其分别主要在维护共同体自身秩序、确保共同体目标达成、实现共同体利益指向的过程中发挥引领、主导、制约作用。基于此而构建的土地复垦监管共同体，则分别实现对三方主体有序化、高效化、科学化活动展进的保障回馈、价值回馈以及效益回馈。最终在监管主体与责任主体之间主要形成管理关系，在监管主体之间主要形成协作关系，在责任主体与权利人之间主要形成自治关系。

(二)土地复垦监管法律关系的客体

土地复垦监管法律关系的客体,即指土地复垦监管主体、责任主体、权利人之共同体三方成员,在相互交往之共同“社会治理”生活中所指向的对象。其一,就所指向的“物”①而言,即开展土地复垦监管需依托之前生产建设损毁和历史遗留、自然灾害损毁的土地,以及土地复垦费、土地复垦专项资金等实物客体。其二,就所指向的“精神财富”②而言,即以一定形式作用于土地复垦监管的非物质化技术成果,既包括土地复垦监管信息系统、土地复垦预防控制技术、工程土地复垦技术、生化土地复垦技术,“也包括相关土地利用监管技术、土地动态监管3S技术、土地利用遥感监管技术等”③。其三,就所指向的“行为”④而言,即土地复垦监管法律行为,是根据土地复垦监管当事人意愿形成的,由土地复垦监管法律规范调整,能够引起土地复垦监管法律关系产生、变更和消灭的各种管理行为、协作行为和自治行为。其具体存在于土地复垦标准监管、土地复垦规划监管、土地复垦方案监管、土地复垦年报监管、土地复垦信息监测监管、土地复垦资金监管、土地复垦项目运营监管、土地复垦工程验收监管、土地复垦效益评价监管各个监管环节中。在土地复垦监管主体与责任主体之间主要形成管理行为秩序,在土地复垦监管主体之间主要形成协作行为秩序,在土地复垦责任主体与权利人之间主要形成自治行为秩序。

---

① 沈宗灵主编:《法理学》,北京大学出版社2000年版,第495页。

② 沈宗灵主编:《法理学》,北京大学出版社2000年版,第495页。

③ 赵谦、窦继萍:《论土地整理监管法律关系》,载《湖北警官学院学报》2014年第5期。

④ 沈宗灵主编:《法理学》,北京大学出版社2000年版,第495页。

(三)土地复垦监管法律关系的内容

土地复垦监管法律关系的内容,即指土地复垦相关立法中分别就监管主体、责任主体和权利人所确立的权力与责任、权利与义务,具体围绕共同体三方成员的“管理、协作、自治”之相互交往方式而设定。其一,就监管主体而言。土地复垦监管主体的权力主要包括:土地复垦信息监测权、土地复垦调查评价权、土地复垦规划设计权、土地复垦标准编制权、土地复垦费及专项资金使用监督权、土地复垦工程建设及造价决定权、土地复垦项目运营监督权、土地复垦工程验收权。土地复垦监管主体的责任主要包括:制定土地复垦监管相关法规政策的责任、保证土地复垦费专项使用的责任、拨付土地复垦专项资金的责任、合理配置土地复垦监管资源的责任、确立土地复垦监管实效回馈机制的责任、为土地复垦责任主体及权利人参与监管提供必要制度空间的责任。其二,就责任主体而言。土地复垦责任主体的权利主要包括:使用土地复垦费及土地复垦专项资金的权利、申请退还已缴纳耕地占用税的权利、复垦后土地的使用收益权利。土地复垦责任主体的义务主要包括:按照既定标准和规划编制并报送土地复垦方案的义务、土地复垦义务人缴纳土地复垦费的义务、土地复垦事项年终报告义务、支付损毁土地损失补偿费的义务、实施土地复垦工程的义务、申请土地复垦工程验收的义务。其三,就权利人而言。土地复垦权利人的权利主要包括:土地复垦全过程各环节监管的知情权与参与权、土地复垦项目收益权、推进土地复垦工作的受奖励权、获得损毁土地损失补偿费的权利。土地复垦权利人的义务主要包括:遵守土地复垦监管法律规范的义务、服从已生效土地复垦相关决定的义务、履行相关土地复垦项目合同的义务。

综上所述,土地复垦监管法律关系,即指土地复垦监管法律规范在规制、调整土地复垦监管行为过程中形成的，以土地复垦监管当事人之间权利义务、权力责任为主要内容的各种管理关系、协作关系和自治关系。相应管理关系之互助主要践行于主要监管部门、辅助监管部门与土地复垦行为人的“参与式监管”①中，相应协作关系之互助主要践行于主要监管部门与辅助监管部门的“联动式监管”②中，相应自治关系之互助主要践行于土地复垦行为人与各类土地复垦权利人共同推进的“共治式监管”③中。

第二节　土地复垦监管共同体的自足性功能属性

探究土地复垦监管共同体的自足性功能属性，应立足于作为理想类型之共同体的功能类型而具体展开。这种有机衔接的功能机制促生了共同体的自足性功能特征，并将该功能特征进一步界分为“系统调整功能的自足性、纠纷解决功能的自足性”④。可基于此来解析土地复垦监管共同体在系统调整和纠纷解决这两方面应具备的功能属性，以厘清该类共同“社会治理”生活的必要监管功能定位。

一、土地复垦监管共同体系统调整功能的自足性

土地复垦监管共同体系统调整功能的自足性，往往通过土地

---

① 赵谦：《农民参与土地整理监管所需制度空间的实证分析》，载《中南民族大学学报（人文社会科学版）》2016年第3期。

② 赵谦：《依法规范土地整理监管》，载《人民日报》2014年10月14日，第7版。

③ 赵谦：《基于农民认知的土地整理监管共治式建构》，载《西北农林科技大学学报（社会科学版）》2016年第4期。

④ 赵谦：《构建校园警务共同体之思考》，载《青少年犯罪问题》2012年第6期。

复垦监管共同体中预设权威而显现出来。

土地复垦监管中的预设“威严或权威”往往来自所“负责”的既定监管主体，如《条例》第5条和《实施办法》第3条明确规定由“自然资源（国土资源）主管部门负责”土地复垦监管工作，“其他有关部门”则展开“协同配合和行业指导监督”。基于此，自然资源（国土资源）主管部门被设定为主要监管部门，从而成为土地复垦监管共同体生活中“威严或权威”的核心，并为财政部门、审计部门、纪检监察部门这些辅助监管部门提供“协同配合”的监管平台。土地复垦监管共同体通过这样的协作监管平台，在系统内全面践行各相关职能部门共同实施“土地复垦监管管理工作”的“政治合作美德”；并积极寻求土地复垦行为人与各类土地复垦权利人在两类土地复垦活动中，履行土地复垦义务、达致土地复垦效果，以实现自足之“公正制度的善”的途径。两类监管部门共同确立之预设权威，通过验收、激励、法律责任追究等手段的干预，使得因共同体三方成员利益“企图”指向差异而产生的不自足交往方式，逐步转化为共同体三方成员有序化、高效化、科学化活动所表征的自足交往方式，进而为共同体系统调整功能自足性的实现提供了必要的逻辑前提。

二、土地复垦监管共同体纠纷解决功能的自足性

土地复垦监管共同体纠纷解决功能的自足性，往往通过土地复垦监管共同体成员之间的相互帮助，以及共同体对其成员的充分保障而显现出来。

（一）相互帮助所表征的自足性

《条例》和《实施办法》皆在第5章规定了“土地复垦激励措施”，由监管主体设定的激励措施投放给土地复垦行为人与各类土地复垦权利人，共同体三方成员在共同获益背景下实现“蛋

糕”增大，从而化解在土地复垦监管进程中可能产生的各种利益冲突。类似的激励式监管也存在于《条例》第 9 条之“鼓励和支持”“表彰”，第 23 条之“扶持、优惠措施、鼓励”。但“不应为了制裁而制裁”并非不设定制裁，于既定公开化、透明化行为准则指引下的相互帮助，还应包含对所涉违法行为的惩戒以及相应损失的补偿，如此，方能更好地实现共同体三方成员之间的利益平衡与矛盾弥合。《实施办法》第 45 条规定，自然资源（国土资源）主管部门应“在门户网站上及时向社会公开本行政区域内的”土地复垦相关“重大事项”，即明晰了既定相关行为准则的公开化、透明化要义。《条例》第 19 条之“损失补偿费”，第 40 条之“消除污染”“限期采取治理措施”“罚款”，则确立了共同体三方成员相互帮助应包含之惩戒、补偿所表征的不利性后果。进而于正面的激励式监管外，从反向来推动实现互利前提下“合作冒险”的达成。基于此，相互帮助意蕴下的互助式纠纷解决模式，堪为共同体纠纷解决功能自足性的实现提供了必要的手段路径。

（二）充分保障所表征的自足性

在从“共同体的生活是相互的占有和享受共同的财产，占有和享受的意志就是保护和捍卫的意志”①到“增进人类的利益”②的过程中，设定土地复垦监管相关纠纷解决机制，不应仅停留在提供纠纷解决的手段路径上，还应着眼于相互尊重前提下“保护和捍卫”共同体三方成员的“财产”与“利益”。《条例》和《实施办法》皆在第 4 章“土地复垦验收”中规定，“自然资源（国土资

---

① ［德］斐迪南·滕尼斯：《共同体与社会——纯粹社会学的基本概念》，林荣远译，商务印书馆 1999 年版，第 76 页。

② 王海明：《论道德共同体》，载《中国人民大学学报》2006 年第 2 期。

源)主管部门”收到验收申请后“当会同同级农业、林业、环境保护等有关部门进行验收”,还“当邀请有关专家进行现场踏勘”“并将初步验收结果公告,听取相关权利人的意见”。上述规定皆强调在土地复垦监管主体的组织、领导下,基于专业性评价结论与土地复垦权利人的有效意见反馈,确保土地复垦行为人即土地复垦责任主体得到科学、公正的验收结果。在充分尊重共同体三方成员决策权、知情权、话语权的前提下,通过预设权威达致的良性统治状态,平等、公正地化解成员之间各种既有的或可能的分歧,最终为共同体纠纷解决功能自足性的实现指明了应有的目标方向。

三、基于自足性功能属性完善土地复垦监管规范设定

完善土地复垦监管规范设定,是彰显土地复垦监管共同体自足性功能属性的载体保障。应当基于土地复垦监管共同体的自足性功能属性来调整土地复垦监管规范设定理念,并对相关规范设定中不够周延的相应主体规范、权属规范、保证金规范予以充实。

(一)基于土地复垦监管共同体推进的良性统治而调整规范设定理念

调整土地复垦监管规范设定理念,即确立存在于土地复垦监管规范设定中的评价规则与软法规则。

一方面,就评价规则而言。土地复垦监管规范设定中的评价规则,应于土地复垦监管共同体推进中,由作为预设“威严或权威”的既定监管主体通过协作监管平台,根据凸显“善”之规范设定的土地复垦相关立法,从应然与实然两个层面分别确立。在应然层面,应当制定更有利于达致共同体三方成员有序化、高效化、科学化活动所表征之自足交往方式的评价规则,以立足于规范设定的文本载体,对土地复垦监管规范设定的“内容设计与技术运用进行价值判断,通过静态分析得出优劣与否、水平高低的结论”①;在实然层面,应当制定契合于两类监管部门干预土地复垦活动事实的评价规则,以立足于规范设定的实施适用,对土地复垦监管规范设定在相应监管实践活动中“发挥的实际效用进行事实判断,通过动态分析得出积极与否的结论”②。

另一方面,就软法规则而言。土地复垦监管规范设定中的软法规则,旨在“通过自律和他律相结合的规则方式而不是通过国家强制力来规范人们行为,是调整共同体成员与共同体之间关系以及共同体成员相互之间关系的规则”③。应在充分尊重共同体三方成员决策权、知情权、话语权的前提下,充分发挥调解机制在相互帮助意蕴下互助式纠纷解决模式中的作用。“调解优先、调判结合”④较之单纯的审判、仲裁,“不在于没有规则,而在于不适用硬法的规则而适用软的、柔性的规则”⑤,从而具有适用灵活、程序简捷、效率较高、切实化解当事人矛盾等优势。该类调解机制可更多地适用于土地复垦监管法律关系中,围绕具有“较弱主

---

① 赵谦、窦继萍:《论土地整理监管法律关系》,载《湖北警官学院学报》2014年第5期。

② 赵谦、窦继萍:《论土地整理监管法律关系》,载《湖北警官学院学报》2014年第5期。

③ 姜明安:《完善软法机制,推进社会公共治理创新》,载《中国法学》2010年第5期。

④ 最高人民法院:《关于进一步贯彻“调解优先、调判结合”工作原则的若干意见》,载《人民法院报》2010年6月28日,第1版。

⑤ 姜明安:《完善软法机制,推进社会公共治理创新》,载《中国法学》2010年第5期。

观性、较强客观性”①的实物客体和非物质化技术成果所诱发之共同体纠纷。最终，在强调沟通理性、崇尚协商、追求合意之土地复垦监管规范设定的指引下，通过激励式监管与不利性后果的双重作用，而切实“保护和捍卫”共同体三方成员的“财产”与“利益”。

（二）基于土地复垦监管共同体的预设权威而确立相应主体规范

《条例》第5条将“国土资源主管部门”设置为土地复垦专门监管部门主导土地复垦全过程监管；《实施办法》则确立了由“县级以上自然资源（国土资源）主管部门负责”“发展改革、财政、城乡规划、铁路、交通、水利、环保、农业、林业等部门协同配合”之土地复垦联动、协同监管机制。相关规范设定虽对相应监管主体予以基本的原则性规制，但所涉各类职能部门之间的属性厘清与职责权限划分较为宽泛。故而，确立土地复垦监管主体规范，即是依循前述共同体成员的基本维度，完成对“一元复合型”土地复垦监管体制之“预设权威”的规范确认。具体而言，以自然资源（国土资源）主管部门为主要监管部门实施全过程监管，以财政部门、审计部门、纪检监察部门为辅助监管部门分别实施资金监管、绩效监管和人员监管。

（三）基于土地复垦监管共同体成员之间的相互帮助而健全相应权属规范

《条例》第33条将“社会投资复垦的历史遗留损毁土地或者自然灾害损毁土地，属于无使用权人的国有土地”复垦后的土地，

① 赵谦、窦继萍：《论土地整理监管法律关系》，载《湖北警官学院学报》2014年第5期。

"确定给投资单位或者个人长期从事种植业、林业、畜牧业或者渔业生产";将"社会投资复垦的历史遗留损毁土地或者自然灾害损毁土地,属于农民集体所有土地或者有使用权人的国有土地"复垦后土地的"使用和收益分配",交由"投资单位或者个人与土地权利人"基于"土地复垦协议"而明确。《实施办法》第 43 条第 2 款则规定:"属于农民集体所有的土地,复垦后应当交给农民集体使用。"相关规范设定确立了相应权属的分类设置原则,并通过"退还已经缴纳的耕地占用税""给予补贴""作为补充耕地指标"等"扶持、优惠措施"之规定,完成了较为全面的"谁投资谁受益"之权属指引。但是,分别针对生产建设损毁和历史遗留、自然灾害损毁之两类土地复垦活动,在复垦前之权属与复垦后之权属调整方面,这 4 类权属设置的"类型化科学规定"①不够明晰,难以"将权利落实到具体主体的收益上"②。应在凸显前述共同体成员之间相互帮助的前提下,界定清楚相应权属所涉"所有权、使用权、收益权、处分权等相关利益主体,规范其内容和实现方式"③,从而为激励式化解土地复垦监管进程中可能生成的各种利益冲突提供具体行为准则。故而,健全土地复垦权属规范,即以充分尊重复垦前的土地权属状况为原则,以土地复垦方案和土地复垦协议的相关权属调整设定为指引,以化解所涉利益冲突为目标,就复垦前后土地的"所有权、使用权和他项权利之确认、调整及变更登记"④等 4 类权属设置事项予以差别化、可操作化规定。

---

① 赵谦:《我国土地整理权属设置的宪法依据论》,载《法商研究》2014 年第 2 期。

② 柯华庆:《法律经济学视野下的农村土地产权》,载《法学杂志》2010 年第 9 期。

③ 朱启臻主编:《农民参与土地管理的理论与实践》,中国农业大学出版社 2011 年版,第 227 页。

④ 赵谦:《我国土地整理权属设置的宪法依据论》,载《法商研究》2014 年第 2 期。

(四)基于土地复垦监管共同体对其成员的充分保障而设定相应保证金规范

《条例》和《实施办法》皆对土地复垦费的属性、缴纳、使用、管理及相应法律责任予以较为全面的规定,但相关土地复垦保证金制度却没有涉及。事实上,土地复垦费作为一种土地复垦义务人缴纳的专项资金,与其他资金来源一道成为实施土地复垦活动的经费保障,更多地被列入义务人开发、利用土地应有的经营成本,其保障性色彩有余,必要的惩罚性却明显不足。土地复垦保证金作为一种土地复垦义务人的履约保证金,收取标准应与预期的土地复垦成本相当。土地复垦义务人若“没有复垦或者复垦不符合要求的,保证金不予以退还,在管理机关的监管下,通过市场运作让有能力、有资质的单位利用这笔资金进行复垦”①。应在凸显前述共同体对其成员的充分保障前提下,就共同体三方成员所涉土地复垦活动相关“财产”与“利益”,确立“土地复垦费+土地复垦保证金”的复合型保障惩罚机制,即土地复垦义务人在足额预存土地复垦费的基础上,还应另外向指定银行或非银行类金融机构提供相应的现金保证金、信用证保证金或有效实物抵押,该类保证金则根据土地复垦工程进度分阶段返还或解除抵押。故而,设定土地复垦保证金规范,即在确立复合型保障惩罚机制的前提下,就保证金的属性、缴纳方式、运营规程及阶段性返还标准予以系统化规定,以丰富相关土地复垦资金规范的“保护和捍卫”手段途径。

---

① 程琳琳:《矿区土地复垦保证金制度实践现状及研究进展》,载《中国矿业》2010年第1期。

小　结

土地复垦监管共同体这一理想类型应具备的特有属性，主要表现为互助性关系属性和自足性功能属性。一方面，就互助性关系属性而言。土地复垦监管共同体成员之间的互助，往往基于土地复垦监管主体、土地复垦责任主体和土地复垦权利人这三方共同体成员彼此间的有机结合而实现；土地复垦监管共同体与其成员之间的互助，则往往基于相互依附前提下，土地复垦监管共同体与共同体各方成员生成的默认一致行动而实现。另一方面，就自足性功能属性而言。土地复垦监管共同体系统调整功能的自足性，往往通过土地复垦监管共同体中预设权威所推进的良性统治而显现出来；土地复垦监管共同体纠纷解决功能的自足性，则往往通过土地复垦监管共同体成员之间的相互帮助，以及共同体对其成员的充分保障而显现出来。

基于此，在土地复垦监管实践活动中，探寻践行共同体理论以证成该理想类型的可行途径，可从厘清土地复垦监管法律关系和完善土地复垦监管规范设定这两个方面展开。一方面，就厘清土地复垦监管法律关系而言。土地复垦监管法律关系的主体即3类土地复垦监管当事人；土地复垦监管法律关系的客体即土地复垦监管活动所指向的相应物、精神财富和行为；土地复垦监管法律关系的内容，则是3类主体各自相应的权力与责任、权利与义务。另一方面，就完善土地复垦监管规范设定而言。调整土地复垦监管规范设定理念，即确立存在于土地复垦监管规范设定中的评价规则与软法规则；确立土地复垦监管主体规范，即对“一元复合型”土地复垦监管体制完成规范确认；健全土地复垦权属规范即是就复垦前后土地的4类权属设置事项予以差别化、可操作化规定；设定土地复垦保证金规范则是在确立复合型保障惩罚机制的前提下，就保证金的属性、缴纳方式、运营规程及阶段性返还标准予以系统化规定。

第二章　土地复垦监管的组织规范论

土地复垦监管组织条款，即指向“依法制定、执行和发展相关规范标准”[①]而规制土地复垦活动及相关社会问题的政府相关职能部门，就其机构设置、职权配备、人员管理、责任保障等“机构建制、治理”[②]事项予以规制的相关法律规范。该类条款既是监管主体维度下“构建完善土地复垦监管体系”[③]以提升所涉“自然资源监管”[④]

---

① 马英娟:《政府监管机构研究》,北京大学出版社 2007 年版,第 32 页。

② 马英娟:《政府监管机构研究》,北京大学出版社 2007 年版,第 91 页。

③ 周妍、白中科等:《中国土地复垦监管体系问题与对策》,载《中国土地科学》2014 年第 2 期。

④ 《中共中央关于全面深化改革若干重大问题的决定》第 51 条规定,完善自然资源监管体制,统一行使所有国土空间用途管制职责。

之相关“社会治理”[①]活动法治化水平的必要规范指引，也是在该微观领域印证、反思行政组织法所涉行政权配置、公务员管理理论的基本制度载体。

伴随《条例》和《实施办法》的先后实施，我国土地复垦监管工作已初见成效，但在监管主体方面仍存在着监管机构不健全、监管机构缺乏配合、监管手段落后、监管人员业务水平不高[②]等问题，存在诸多现实问题的肇因往往与所涉组织条款的科学设定水平有关。当前，我国土地复垦监管组织条款[③]多以具体性、实施性规定形式，散见于土地复垦相关部门规章、地方性法规、地方政府规章之低位阶规范性法律文件中；而在不多的相关法律、行政法规之高位阶规范性法律文件中，主要以原则性、概括性规定形式存在。虽然学界尝试从监管技术、资金监管、项目监管、监管信息披露[④]等方面进行土地复垦监管主体所涉机构建制与治理问题的附带性研究，但缺乏基于行政组织法理论，从实现“国家有

① 《中共中央关于全面推进依法治国若干重大问题的决定》在“五、增强全民法治观念，推进法治社会建设”之“（二）推进多层次多领域依法治理”中规定：“坚持系统治理、依法治理、综合治理、源头治理，提高社会治理法治化水平。”

② 参见周妍、白中科等：《中国土地复垦监管体系问题与对策》，载《中国土地科学》2014年第2期；李丽平：《矿山土地复垦难在哪里？——以辽宁省为例》，载《中国土地》2012年第7期；许军、李笑一等：《我国矿区土地复垦的主要问题及其对策》，载《中国煤炭》2010年第12期；宋雪姣：《土地复垦监管影响因素浅析》，载《中国土地》2014年第6期；李永学：《我国矿山土地复垦存在的问题及建议》，载《西部资源》2014年第5期；郭彤荔：《南非矿山土地复垦及启示》，载《中国土地》2013年第6期。

③ 参见《法律法规检索》，载北大法宝网2017年11月18日，http://www.pkulaw.cn。

④ 参见孟宪素、李少帅：《遥感技术在土地整理复垦开发项目监管工作中的应用实践》，载《资源与产业》2009年第2期；还强：《建立土地开发复垦资金的监管机制》，载《浙江财税与会计》1996年第10期；何苗、陈风林等：《土地复垦监管现状与阶段性特征》，载《科技展望》2015年第19期；贺振伟、白中科等：《中国土地复垦监管现状与阶段性特征》，载《中国土地科学》2012年第7期。

序化机制和民间有序化机制的交涉性平衡"①之"回应型法"视角，展开"针对所涉制度事实的规范分析"②。

20世纪末以来，行政组织法本体理论研究③以及机关诉讼、监管机构、给付行政、行政任务、大部制改革、电子政务、社会管理主体、独立机关、行政主体低碳化、风险行政、行为法机制等行政组织法应用研究④，皆在局部变迁层面不断检验、修正、发展⑤行政主体理论表征之行政法总论知识体系。

土地复垦监管堪称"新的领域"管理、协作、自治之行为过程

---

① 季卫东：《社会变革的法律模式（代译序）》，载［美］诺内特、［美］塞尔兹尼克：《转变中的法律与社会：迈向回应型法》，张志铭译，中国政法大学出版社1994年版，第7页。

② 谢晖：《论规范分析方法》，载《中国法学》2009年第2期。

③ 参见应松年、薛刚凌：《行政组织法与依法行政》，载《行政法学研究》1998年第1期；姜明安、沈岿：《法治原则与公共行政组织——论加强和完善我国行政组织法的意义和途径》，载《行政法学研究》1998年第4期；薛刚凌：《我国行政主体理论之检讨——兼论全面研究行政组织法的必要性》，载《政法论坛》1998年第6期；应松年、薛刚凌：《行政组织法基本原则之探讨》，载《行政法学研究》2001年第2期；薛刚凌：《行政组织法发展缺位之检讨》，载《江苏社会科学》2008年第5期；沈开举：《当代中国行政组织法的发展与反思》，载《学习论坛》2011年第9期；任进：《行政组织法基本范畴与新课题》，载《北方法学》2012年第3期。

④ 参见王太高：《论机关诉讼——完善我国行政组织法的一个思路》，载《河北法学》2005年第9期；马英娟：《监管机构与行政组织法的发展——关于监管机构设立根据及建制理念的思考》，载《浙江学刊》2007年第2期；胡敏洁：《给付行政与行政组织法的变革——立足于行政任务多元化的观察》，载《浙江学刊》2007年第2期；郑春燕：《行政任务变迁下的行政组织法改革》，载《行政法学研究》2008年第2期；邓海娟、黄利红：《大部制改革与行政组织法的完善》，载《江西社会科学》2008年第7期；杨桦：《论电子政务与行政组织法的创新》，载《武汉大学学报（哲学社会科学版）》2008年第6期；石佑启、陈咏梅：《论社会管理主体多元化与行政组织法的发展》，载《法学杂志》2011年第12期；许宗力：《独立机关——我国台湾地区行政组织法的难题》，载《行政法学研究》2015年第3期；谭冰霖：《行政主体低碳化的法律规制——一个组织法的视角》，载《东岳论丛》2016年第2期；王贵松：《风险行政的组织法构造》，载《法商研究》2016年第6期；叶必丰：《行政组织法功能的行为法机制》，载《中国社会科学》2017年第7期。

⑤ 参见章志远：《部门行政法专论》，法律出版社2017年版，第9页。

的一类具体表征。可在探究土地复垦监管组织条款"产生行为所涉结构、功能和相互关系"①的过程中，于该微观领域承接所涉行政组织法的印证、反思式部门行政法研究趋向，并基于机构能力这一"回应型法"命题，在"描述—经验、逻辑—分析和规范—实践"②的维度内，完成对机构建制、治理要义的规范分析。

第一节 土地复垦监管组织条款的规范评判

一、土地复垦监管机构建制条款的规范评判

土地复垦监管机构建制条款，主要涉及相关监管机构的机构设置与职权配备事项。"开放的权威"鼓励法律机构之间通过相互协商来达成合意，并期盼所涉相对人通过批评的方式来融入权威的形成过程，以提高决策的可接受性。所涉规范评判即是基于"开放的权威"之"鼓励协商、欢迎批评"要素，来检视土地复垦监管机构设置与职权配备相关规范设定。

（一）土地复垦监管机构设置缺失应有的部门协同规范设定

既有土地复垦监管机构设置规范，明确了自然资源（国土资源）主管部门的主导监管地位，以及财政、规划、环保、审计、纪检监察等相关部门的协同监管职责，而尝试确立"一元复合型土地复垦监管体制"③。一方面，就主导监管而言。例如，《土地管理

---

① 孙钱章主编：《实用领导科学大辞典》，山东人民出版社 1990 年版，第 277 页。

② ［德］罗伯特·阿列克西：《法律论证理论——作为法律证立理论的理性论辩理论》，舒国滢译，中国法制出版社 2002 年版，第 311 页。

③ 赵谦：《互助与自足：土地复垦监管的共同体关系及功能》，载《暨南学报（哲学社会科学版）》2017 年第 8 期。

法》(1986年制定,1988年、1998年、2004年、2019年修改)第5条将"自然资源主管部门"设置为土地监管"统一负责"部门;《条例》第5条进而将"国土资源主管部门"设置为土地复垦专门监管机构来主导土地复垦全过程监管。又如,《广东省采石取土管理规定》第3条将"土地管理部门"设定为相关土地复垦监管机构;《陕西省实施〈土地复垦条例〉办法》第4条明确规定由县级以上人民政府来领导、组织土地复垦工作,第5条则规定由县级以上人民政府国土部门来负责土地复垦监管工作各类具体事项。另一方面,就协同监管而言。例如,《实施办法》第3条要求自然资源(国土资源)主管部门,"应当加强与发展改革、财政、铁路、交通、水利、环保、农业、林业等部门的协同配合和行业指导监督"。又如,《浙江省石油天然气管道建设和保护条例》第18条则规定国土部门,"应当会同同级农业农村、生态环境、林业等部门组织土地复垦验收"。

该类原则性规定虽然厘清了主导、协同监管部门的基本架构,但各部门之间如何实现有效"协同配合"及"会同"欠缺具体的实施性规定。事实上,所涉各类监管部门各自的监管事项范围、监管重心及利益焦点皆有所不同,若未能在"鼓励协商"要素指引下确立相对清晰、完备的监管部门协同规范,只会让"协同配合"流于形式,而出现"因边界清晰、职能明确与实践中公共事务需要跨部门处置的情形形成相互龃龉的格局"①。

一方面,就协同形式而言。虽然强调以自然资源(国土资源)主管部门为主并具体负责,但该部门与其他相关职能部门多

① 刘锦:《地方政府跨部门协同治理机制建构——以A市发改、国土和规划部门"三规合一"工作为例》,载《中国行政管理》2017年第10期。

属于平级单位，彼此间的部门协同更多地有赖于“上级组织或上级领导下的等级制纵向协同”[①]，难以真正体现“鼓励协商”要素所涵摄的平等自愿与决策共识要义。且在当前“条块分割”[②]的职能部门设置理念下，部门协同的协商决策务虚意义远远大于其可能的决策执行务实价值，“决策—执行”二分改革[③]不妨在土地复垦监管部门协同中试验尝试。另一方面，就协同内容而言。虽然有“应当加强协同配合和行业指导监督”之模糊表达，且明确了土地复垦验收环节的“会同组织”监管要义，但未就应予加强的协同配合内容，以及土地复垦活动全过程各环节监管所涉不同监管部门的具体协同监管事项，予以准据化梳理、列明。基于此，前述部门协同中的“相互龃龉格局”往往最终导向监管所涉“政策制定、政策执行和项目管理、公共服务提供中的协同失灵”[④]。

因而，应否设立跨部门性质的协商议事机构，抑或在根本上实现从传统纵向协同到横向协商式协同的协同理念转换，“土地复垦前（标准、规划、方案）、中（年报、信息监测、资金管理、实施）、后（验收、效益评价）”[⑤]各环节监管中所涉协同部门的职责事项、协商范围，皆应当在具体的监管部门协同形式规范、协同内容规范中予以厘清，以对可能的监管部门协同失灵予以必要的规

---

① 蒋敏娟：《法治视野下的政府跨部门协同机制探析》，载《中国行政管理》2015年第8期。

② 孙发锋：《从条块分割走向协同治理——垂直管理部门与地方政府关系的调整取向探析》，载《广西社会科学》2011年第4期。

③ 参见时磊、许艳：《英美“决策—执行”二分改革比较研究》，载《中国海洋大学学报（社会科学版）》2006年第4期。

④ 周志忍、蒋敏娟：《中国政府跨部门协同机制探析——一个叙事与诊断框架》，载《公共行政评论》2013年第1期。

⑤ 赵谦：《互助与自足：土地复垦监管的共同体关系及功能》，载《暨南学报（哲学社会科学版）》2017年第8期。

范化、制度化矫正。

（二）土地复垦监管职权配备缺失必要的职权互动规范设定

既有土地复垦监管职权配备规范通过列举式规定，明确了自然资源（国土资源）主管部门作为主导监管部门的主要职责权限，通过概括式规定对相关部门的协同监管职责权限予以了原则性阐述。一方面，就列举式规定而言。例如，《土地管理法》"第六章监督检查"将监管资格准入、文件资料查阅复制、相对人说明问题、现场勘测、责令停工、出示有效证件、配合监管、违法查处这8类"土地行政主管部门"的共有土地监管职权予以列明；《条例》第7～8条则就"国土资源主管部门"在土地复垦监管中所涉监测、信息管理这两类专有职权及相对人配合监管之共有职权予以列明及重点凸显。又如，《陕西省实施〈土地复垦条例〉办法》第5条将土地复垦所涉规划编制、台账调查登记、方案审查、项目检查验收、资金监管、权属确认、监测这7类"县级以上人民政府国土资源管理部门"的专有土地复垦监管职权予以列明。另一方面，就概括式规定而言。例如，《青海省实施〈中华人民共和国土地管理法〉办法》第59条规定，财政部门、审计部门分别"应当加强"对土地复垦费的"收支管理"与对"征收和使用情况的审计监督"。又如，《广东省采石取土管理规定》第9条规定，矿区土地复垦所涉"自然生态环境治理保证金"由"市、县级地矿主管部门""统一监管"。

该类列举式、概括式规定虽然厘清了主导、协同监管部门的基本职权，但未能设定所涉职权清单、权责信息公开表征之职权互动规范。作为所涉相对人的土地复垦责任主体，权利人难以根据相关规范设定，实现标准相对一致的"信息公开与程序透明，获得与自己利益相关的信息”①,从而“采用参与式观察等研究手段,在权力所涉社会互动”②中实现对所涉监管部门监管过程的“欢迎批评”式有效监督。

一方面,就所涉职权清单而言。虽然在不同位阶就土地复垦主导、协同监管部门的主要职责权限予以列明、概括,但既未能就主导监管部门所列明行使的共有土地监管职权与专有土地复垦监管职权完成系统的全面整合,也未能就其他协同监管部门“应当加强、统一监管”之概括行使的监管职权予以“具象化”③设计。所涉职权事项作为相对人实现“欢迎批评”式监督的“批评对象”,其在相关职权目录、实施主体、法律依据、运行流程等方面上未能实现清单化设定,从而难于有效发挥土地复垦监管部门的作用。另一方面,就所涉权责信息公开而言。既有监管职权规范设定没有涉及各类监管职权应有的行权过程公开、结果公开事项,使相对人实现“欢迎批评”式有效监督,缺乏来自作为监督对象的监管部门方面之清晰、明确的参与路径指引,这在土地复垦监管职权配备中同样存在。相对人实现“欢迎批评”式监督所涉必要的“参与目标、参与形式和参与环节”④规范表征之参与制度空间,以及凸显“培育主体意识与权利意识”⑤之参与能力保障,皆

① 李清伟:《论服务型政府的法治理念与制度构建》,载《中国法学》2008年第2期。

② 李钧鹏:《何谓权力——从统治到互动》,载《华中科技大学学报(社会科学版)》2011年第3期。

③ 简政珍:《转喻与抽象具象化》,载《北京大学学报(哲学社会科学版)》2013年第5期。

④ 赵谦:《农民参与土地整理监管所需制度空间的实证分析》,载《中南民族大学学报(人文社会科学版)》2016年第3期。

⑤ 赵谦:《专业合作社法实施中的农民参与困境及校正:以重庆为例》,载《法学》2012年第3期。

应基于必要的权责信息公开规范而设定。

因而，土地复垦各环节监管中所涉主导、协同监管部门的职权事项、信息公开事项，皆应当在具体的监管部门职权清单规范、权责信息公开规范中予以厘清，以为所涉相对人对监管部门监管过程的“欢迎批评”式有效监督提供必要的规范化、制度化保障。

二、土地复垦监管机构治理条款的规范评判

土地复垦监管机构治理条款，主要涉及相关监管机构的人员管理与责任保障事项。“参与性的权威”强调，通过说理沟通及合理性检验的方式，来健全法律机构的内部治理秩序并固化既有权威。土地复垦监管机构治理规范之评判，即基于“参与性的权威”之“决策理由说明、合理性检验”要素，来检视土地复垦监管人员管理与内部制裁相关规范设定。

（一）土地复垦监管人员管理缺失应有的任职保障规范设定

既有土地复垦监管人员管理规范对所涉内部监管原则、责任行为、监察资格要件、执法程序等事项予以明确规定。例如，《实施办法》第 3 条确立了土地复垦的“专门机构”“专职人员”监管原则，第 46 条就“逐级上报”“绩效评价”等上下级监管机构之间的内部监管予以具体规定；《安徽省土地监察条例》第 6 条则确立了土地监察工作“行政首长负责制”原则。又如，《实施办法》第 49 条将《条例》第 36 条规定之“其他徇私舞弊、滥用职权、玩忽职守行为”更进一步明晰为“土地复垦费用支取”“退还耕地占用税”程序规制中的相关行为。再如，《安徽省土地监察条例》第 14 条就土地监察人员的“执法资格”和监察执法程序予以明确规定。

虽然该类明确规定规制的事项范围较为广延，但就所涉监管人员的任职资格及在职培训等任职保障事项皆欠缺具体规定。

土地复垦监管本身是一类涉及政府规制、土地资源管理、农村社会发展、采矿工程与水土保持等复杂研究领域之多学科交叉，以及“10 个土地复垦重点区域”[①]和“重点煤炭基地、国家高速公路网和‘四纵四横’高铁沿线、南水北调水利工程沿线 3 类土地复垦重大工程”[②]之多样化事实的系统工程。为确保监管实效，土地复垦监管人员在实施相关现场监管或技术化非现场监管的行为过程中，往往需要依托一定的复合化学科专业知识与实务操作技能之履职能力要件，方能更好地面向相对人完成“人性化执法沟通”[③]等相关监管“决策理由说明”。任职保障规范的缺失则使所涉监管人员在履职能力提升上，因缺乏明确依据或标准而无所适从，甚至形成一定的能力掣肘。

一方面，就任职资格而言。相关规范虽然就所涉监管人员的专职化、资格化予以明确规定，但未能就相应任职资格指向之履职能力所需学科专业知识与实务操作技能予以具体限定，而明晰所涉任职保障的准入事项，以实现“遴选化职业准入”[④]与“监管

---

① 《国土资源部关于发布实施〈全国土地整治规划（2011—2015 年）〉的通知》，载北大法宝网 2012 年 3 月 27 日，http://www. pkulaw. cn/fulltext_form. aspx? Db = chl&Gid = 157ad5a13c47a570bdfb&keyword = % e5% 9c% 9f% e5% 9c% b0% e6% 95% b4% e6% b2% bb% e8% a7% 84% e5% 88% 92&EncodingName = &Search _ Mode = like&Search_IsTitle = 0。

② 《国土资源部　国家发展和改革委员会关于印发〈全国土地整治规划（2016—2020 年）〉的通知》，载中国土地学会网，http://www. clss. org. cn/xwdt/201703/t20170301_1441285. htm。

③ 孟卧杰：《沟通：实现人性化执法的有效保障》，载《云南行政学院学报》2006 年第 6 期。

④ 王鸿：《浅析国家审计人员职业准入与遴选制度》，载《中国审计》2005 年第 4 期。

能力指标化评价”[1]。另一方面，就在职培训而言。相关规范虽然明确要求相应监管人员取得执法资格“必须经过培训、考核”，但如何培训、考核则是“含糊不清的立法语言”[2]设定。在职培训的主体、科目与方式等具体内容若未能予以清晰化规范设定，则只会让所涉任职保障的可持续事项流于形式，难以适应多样化土地复垦监管事实对所需监管履职能力持续更新、提升的需求。

因而，土地复垦监管人员任职保障所需学科专业知识与实务操作技能之履职能力准入、可持续事项，皆应当在具体的监管人员履职能力基准规范、实效化在职培训规范中予以厘清，以为监管人员面向相对人更好地完成相关监管“决策理由说明”提供必要的规范化、制度化指引。

（二）土地复垦监管内部制裁缺失必要的框架性制裁规范设定

既有土地复垦监管内部制裁规范对所涉行政责任、刑事责任予以明确规定。例如，《条例》第36条对监管人员应承担行政或刑事责任的行为予以列举。又如，《实施办法》第49条对监管人员的“其他徇私舞弊、滥用职权、玩忽职守行为”予以列举，《矿山地质环境保护规定》第34条和《湖北省土地整治管理办法》第52条皆进一步明确了监管人员“玩忽职守、滥用职权、徇私舞弊”的相应行政或刑事责任。再如，《青海省实施〈中华人民共和国土地管理法〉办法》第64条对“挪用土地复垦费”相关行政责任、刑事责任予以明确规定。

---

① 杨松、王广平等：《中国药品监管能力评价指标体系研究》，载《中国药学杂志》2012年第14期。

② 杨颖：《立法语言：从模糊走向明确》，载《政法论丛》2010年第6期。

虽然该类规定规制的责任主体、责任形式、归责行为等制裁事项较为明确，并分别在应承担法律责任的具体行为和特定行为应承担的具体法律责任这两个向度有所涉及，但就所涉监管人员"把同意当作是对合理性的一种检验"之内部制裁"合理性检验"事项，皆欠缺具体规定。事实上，作为一类行政组织体之土地复垦监管机构所设定的内部制裁规范，即一类"能将组织由内而外加以管制并将组织中所规划的管制可能加以利用的法"①，其应契合一定的"包含组织内各种力量并为其相互合作设定既有弹性又可信赖的框架"②特性，具体包括建构内部制裁所涉"内部程序、选择及管辖、责任区域、阶段同意或最后决定权、信息处理以及保持距离以确保中立的预防措施等"③相关规定。

一方面，既有规范所设定的监管人员归责行为大致皆可归纳为"徇私舞弊、滥用职权、玩忽职守"这3类行为，相关条款更多地是一种"缺乏与义务性条款的对应性，适用时没有明确的责任形式作为依据的笼统责任条款"④。所涉"徇、舞、滥用、玩忽"的界分方式以及"私、弊、职权、职守"的清单式认定标准，皆难以在相应列举式规定中予以清晰呈现。另一方面，既有规范所设定的监管人员责任形式皆为一种"依法给予处分、依法追究刑事责

① [德]施密特·阿斯曼：《秩序理念下的行政法体系建构》，林明锵等译，北京大学出版社2012年版，第231页。

② [德]施密特·阿斯曼：《秩序理念下的行政法体系建构》，林明锵等译，北京大学出版社2012年版，第231页。

③ [德]施密特·阿斯曼：《秩序理念下的行政法体系建构》，林明锵等译，北京大学出版社2012年版，第240页。

④ 李亮：《法律责任条款规范化设置研究》，中国社会科学出版社2016年版，第67页。

任”之“读解性不强、适用程度较为低下的宣告、引用式”[①]无明确责任内容的模糊制裁条款，且未涉及实现“处分、追究”相关责任认定、实施承担、被惩戒人权益救济等制裁程序事项。

在该类笼统、模糊条款的指引下，所涉各类主体于相互合作前提下兼具弹性与可信赖的基本特性未能显现出来。相关制裁事项，更多地置于既有上下级组织关系所形成的预设权威单向意愿表达前提下而设定，忽略了被惩戒人向度下对所涉权威、制裁程序与制裁方式应有的认同、参与乃至补正，使能够完成“合理性检验”的必要框架性内部制裁规范存在缺失。在该类制裁设定理念下形成的内部制裁权威往往为传统“国家高权行政（侵害行政）”[②]所指引，其实施的内部制裁相应惩戒行为通常分为组织自身即可做出的行政责任惩戒与需提请有权机关来完成的刑事责任惩戒。这两类惩戒的发起更多地交由前述“行政首长负责制”原则指引下所在或上级职能部门的“主管人员”，基于自由裁量权来完成主观式抽象评判；而非由更具包容性的多向度制裁权威，基于清晰的责任认定标准、责任事项内容与制裁程序设定来完成客观式量化评判。

因而，土地复垦监管框架性内部制裁所需被惩戒人向度下认同所涉权威、参与制裁程序以及补正制裁方式事项，皆应当在具体的内部制裁权威包容性规范和制裁方式整全化规范中予以厘清，以为更好地完成内部制裁“合理性检验”提供必要的规范化、制度化指引。

---

① 徐向华主编：《地方性法规法律责任的设定——上海市地方性法规的解析》，法律出版社2007年版，第9页。

② 鲁鹏宇：《论行政法学的阿基米德支点——以德国行政法律关系论为核心的考察》，载《当代法学》2009年第5期。

第二节　土地复垦监管机构建制条款的规范设定

“开放的权威”要义下探讨土地复垦监管机构建制条款的规范设定,即在“规范—实践”的维度内,基于前述所涉法律规范评价或判断的结果,探寻促使土地复垦监管机构设置、职权配备规范设定契合于提升监管机构的“鼓励协商”与“欢迎批评”能力要求的可能完善路径。

一、确立土地复垦监管部门协同规范

所确立的土地复垦监管部门协同规范,即在横向协商式协同理念指引下,就土地复垦各环节监管中“鼓励协商”所涉协同部门的职责事项、协商范围予以规制的相关法律规范。具体可从监管部门协同形式规范、协同内容规范这两个方面来展开分析。

(一)监管部门协同形式规范

监管部门协同形式规范,即就各类土地复垦监管职能部门的跨部门性质协商议事模式予以规制的相关法律规范。应当基于既有土地复垦监管体制下主导、协同监管部门的基本架构,在平等自愿与决策共识要义前提下,设定土地复垦监管联席会议制度以固化所涉协商议事模式。应将该会议定性为“履行监督职能但不参与具体案件查办”①之土地复垦监管决策协商机构,由自然资源(国土资源)主管部门来牵头召集,财政、规划、环保、审计、纪检监察等相关部门参加,所在政府分管领导或上级职能部门代

① 陈阳:《论我国土地督察制度良善化进路——以中央与地方关系为视角》,载《东方法学》2017年第2期。

表视情况列席会议。日常定期会议每月一次,临时突发会议则根据所涉个案案情由自然资源(国土资源)主管部门来决定是否召集。

土地复垦监管联席会议旨在基于“国土资源主管部门实施全过程监管、财政部门实施资金监管、审计部门实施绩效监管、纪检监察部门实施人员监管”[①]之主要职责分工,来通报、沟通所涉监管部门履行各自监管职责的工作情况。自然资源(国土资源)主管部门负责通报土地复垦违法行为查处以及相关违纪、犯罪行为移送处置信息,财政部门负责通报各类土地复垦资金收支账务信息,审计部门负责通报各类土地复垦责任主体不同责任行为过程及结果的审计报告信息,纪检监察部门负责通报各类监管人员违纪违法行为的责任追究信息,其他监管部门则就各自职责范围内所涉土地复垦监管信息予以通报。会议参加部门在完成各自监管信息通报、共享的基础上,进而就不同部门独立处置个案中的重大突发问题,或需相关部门联合处置个案中的执法协调事项展开平等协商,立足于“相互帮助意蕴下的互助式纠纷解决模式”[②],来共同完成相应的监管举措决断。

(二)监管部门协同内容规范

监管部门协同内容规范,即就各类土地复垦监管职能部门在不同土地复垦环节的监管决策执行事项予以规制的相关法律规范。实施土地复垦监管联席会议共同监管决策的执行机构,即参加会议的各相关职能部门。应将土地复垦验收环节的“会同组

---

① 赵谦:《互助与自足:土地复垦监管的共同体关系及功能》,载《暨南学报(哲学社会科学版)》2017年第8期。

② 赵谦:《互助与自足:土地复垦监管的共同体关系及功能》,载《暨南学报(哲学社会科学版)》2017年第8期。

织”监管要义扩张至土地复垦3个阶段的其他环节,并就各类监管部门在不同环节的具体执行事项予以明确。

其一,就土地复垦标准、规划环节监管而言。土地复垦所涉标准、规划应与土地整治标准、规划以及土地利用总体标准、规划相衔接。自然资源(国土资源)主管部门牵头组织从包括文本、说明、图样、附件4个部分之草案拟订、论证、评审、确定4个方面实施全程监管;规划部门协调参与草案拟订、论证监管;环保部门协调参与所涉环境影响评价论证监管;纪检监察部门协调参与所涉监管人员违纪违法行为监管,并特别强调对草案评审、确定监管的直接参与。

其二,就土地复垦方案、年报环节监管而言。自然资源(国土资源)主管部门应就土地复垦义务人编制的土地复垦方案内容与上报的土地复垦义务履行情况,从形式要件、实质要件这两个方面实施全程监管;规划部门配合进行土地复垦方案与土地复垦标准、规划的协调性监管;审计部门协调参与土地复垦义务人报告事项履行监管;纪检监察部门协调参与所涉监管人员违纪违法行为监管。

其三,就土地复垦信息监测、实施环节监管而言。自然资源(国土资源)主管部门应就动态土地复垦数据信息、土地复垦项目工程进展情况等事项实施全程监管;审计部门协调参与土地复垦项目工程运营监管;纪检监察部门协调参与所涉监管人员违纪违法行为监管,并特别强调对土地复垦数据信息监管平台规范运营监管的直接参与。

其四,就土地复垦资金管理环节监管而言。自然资源(国土资源)主管部门应就土地复垦费征收使用、年度土地复垦资金投放使用等事项实施全程监管;财政部门协调参与所涉资金预决算及使用监管；纪检监察部门协调参与所涉监管人员违纪违法行为监管。

其五，就土地复垦验收、效益评价环节监管而言。自然资源（国土资源）主管部门应基于所涉土地复垦标准、规划及方案的要求，对土地复垦项目工程验收及后续效果跟踪评价等事项实施全程监管；环保、农业、林业等相关部门协调参与验收监管；审计部门协调参与效益评价监管；纪检监察部门协调参与所涉监管人员违纪违法行为监管。

二、确立土地复垦监管职权互动规范

所确立的土地复垦监管职权互动规范，即在相对人有效监督监管过程理念指引下，就土地复垦各环节监管中"欢迎批评"所涉主导、协同监管部门的职权事项、信息公开事项予以规制的相关法律规范。具体可从监管部门职权清单规范、权责信息公开规范这两个方面展开分析。

（一）监管部门职权清单规范

监管部门职权清单规范，即旨在凸显对所涉土地复垦监管职权的"有效制约、道德评估、法律确认、人民介入和参与等综合效应"①，而就各类土地复垦监管职能部门的职权目录、实施主体、法律依据、运行流程等事项予以明细列项式规制的相关法律规范。

一方面，就作为主导监管部门的自然资源（国土资源）主管部门而言。《全国土地整治规划（2011—2015年）》和《全国土地整治规划（2016—2020年）》一再明确"土地整治机构的实施监管作用"应予以明晰。"'土地整治中心'所代表的土地整治机构

① 邓伟志主编：《变革社会中的政治稳定》，上海人民出版社1997年版，第94页。

作为监管微观执行部门、国土资源行政部门作为监管宏观决策部门"[①]之界分，可在土地复垦监管中同样确立。自然资源（国土资源）主管部门根据前述《土地管理法》《条例》等规范性法律文件的相关规范设定，来履行土地复垦"法规、规章、政策措施、规划、技术规程和标准的拟定决策"[②]职权；土地整治机构根据自然资源（国土资源）主管部门依照法定权限和程序的明确授权，来履行土地复垦"项目计划编制、审批立项、项目实施管理、项目验收、项目资金使用的监管执行"[③]职权。

另一方面，就作为协同监管部门的其他相关职能部门而言。可大致将其他相关职能部门的监管职权事项划分为两类：依托前述土地复垦监管联席会议所履行的监管协商决策职权和各部门在不同土地复垦环节监管中履行的监管决策执行职权。基于前述主要监管职责分工以及各类监管部门在不同环节的具体执行事项，根据不同领域的相关法律规定分别明确各自土地复垦监管职权事项的范围。其一，财政部门为所涉资金预决算及使用；其二，规划部门为所涉标准与规划的拟定、论证及协调；其三，环保部门为所涉环境影响评价及项目验收；其四，审计部门为所涉报告事项履行与项目工程运营、效益评价；其五，农业、林业部门为所涉项目验收；其六，纪检监察部门为各类监管人员违纪违法行为，并直接参与所涉标准与规划的评审、确定以及数据信息监管平台运营。

应基于上述职权事项划分，并根据土地复垦相关规范性法律

---

① 赵谦：《基于农民认知的土地整理监管共治式建构》，载《西北农林科技大学学报（社会科学版）》2016 年第 4 期。

② 赵谦：《依法规范土地整理监管》，载《人民日报》2014 年 10 月 14 日，第 7 版。

③ 赵谦：《依法规范土地整理监管》，载《人民日报》2014 年 10 月 14 日，第 7 版。

文件的规定,来设计相应监管决策、执行职权的具体运行流程。

一方面,所涉决策职权的运行流程大致可分为4个步骤:第一步,汇总上级职能部门交办、下级职能部门上报、同级相关职能部门移送的各类需研究决策事项而形成决策议案;第二步,由所在职能部门正职负责人、分管副职负责人及相关内设机构负责人就决策议案进行协商酝酿,重大疑难决策议案可扩大协商酝酿范围;第三步,依循"首长负责制",召开所在职能部门常务会议研究形成决策决议,重大疑难决策决议可上报上级职能部门常务会议复决;第四步,根据决策决议内容,交由相关执行部门具体执行,并根据相关信息公开法律规定,公开相应决策过程及结果。

另一方面,所涉执行职权的运行流程大致可分为5个步骤:第一步,汇总各类举报、投诉、交办、移送的线索进行材料初审,并决定是否立案执行;第二步,确定立案执行者,进行相关现场或非现场调查取证,并完成案件核查报告;第三步,基于案件核查报告作出案件处置决定,并告知所涉相对人;第四步,组织进行所涉相对人的陈述、申辩或听证,并完成相应审批手续,进而作出案件处置决定;第五步,送达案件处置文书,并具体履行案件处置决定。

(二)监管部门权责信息公开规范

监管部门权责信息公开规范,即就各类土地复垦监管职能部门相关权责信息的不同公开方式及相应公开程序等事项予以规制,而切实保障所涉相对人知道相关职能部门"持有、保存的,与其权力行使有关的一切信息"①的相关法律规范。

一方面,就权责信息公开方式而言。前述监管部门职权清单

① 章剑生:《知情权及其保障——以〈政府信息公开条例〉为例》,载《中国法学》2008年第4期。

规范所列明的各类监管职权事项范围与运行流程的应然步骤设定,皆属于应当公开的权责信息;相应监管决策、执行职权运行流程的实然步骤运行过程则属于可公开的权责信息,需厘清必要的"信息公开排除范围"①。其一,所涉决策职权运行步骤公开事项。决策议案、决策决议的名称与内容,以及决策决议的执行过程与结果,只要不涉密、不涉监管人员隐私,皆属于可公开范围;决策议案汇总、协商酝酿过程,决策决议研究、复决过程,以及可公开事项中的涉密、涉隐私部分,皆属于排除范围。其二,所涉执行职权运行步骤公开事项。是否立案执行的结果,案件核查报告的结论部分,案件处置决定的名称与内容,陈述、申辩或听证的过程,审批手续的结果,案件处置文书的送达过程,以及案件处置决定的履行结果,只要不涉密、不涉监管人员隐私,皆属于可公开范围;线索材料汇总初审过程,调查取证过程与案件核查报告的非结论部分,案件处置决定的作出过程,审批手续的作出过程,案件处置决定的履行过程,以及可公开事项中的涉密、涉隐私部分,皆属于排除范围。

另一方面,就权责信息公开程序而言。其一,应当公开的权责信息的公开程序。应当公开的权责信息皆由相应监管部门基于所涉"公共利益衡量"②便捷化的需要,主动通过所在部门官方网站或定期发布的信息公报、皮书、年鉴等形式来公开。该类信息应尽量图表化、简明化,以利于所涉相对人查阅、认知。其二,可公开权责信息的公开程序。可公开权责信息则需所涉相对人依循

---

① 湛中乐、苏宇:《论政府信息公开排除范围的界定》,载《行政法学研究》2009 年第 4 期。

② 王敬波:《政府信息公开中的公共利益衡量》,载《中国社会科学》2014 年第 9 期。

"申请、受理、告知利害相关人、公开信息"①的基本流程，根据《政府信息公开条例》相关规定，通过其申请渠道以书面函件或电子邮件的形式，来对所涉相对人定向公开。该类信息应尽量规范、周延，以全面阐释所涉事项为原则，而利于所涉相对人认知、理解。

第三节　土地复垦监管机构治理条款的规范设定

在"参与性的权威"的要义下探讨土地复垦监管机构治理条款的规范设定，即在"规范—实践"的维度内，基于前述所涉法律规范评价或判断的结果，探寻促使土地复垦监管人员管理、责任保障规范设定契合于提升监管机构的"决策理由说明"与"合理性检验"能力要求的可能完善路径。

一、确立土地复垦监管人员任职保障规范

所确立的土地复垦监管人员任职保障规范，即在切实提升监管人员履职能力理念指引下，就土地复垦监管人员"决策理由说明"所需学科专业知识与实务操作技能之履职能力准入、可持续事项予以规制的相关法律规范。具体可从监管人员履职能力基准规范、实效化在职培训规范这两个方面展开分析。

（一）监管人员履职能力基准规范

监管人员履职能力基准规范，即就各类土地复垦监管人员正常履职所需学科专业知识、实务操作技能基本要求予以明确的相关法律规范。土地复垦监管所涉学科理论，是一类阐述、规制恢

① 应松年、陈天本：《政府信息公开法律制度研究》，载《国家行政学院学报》2002年第4期。

复利用损毁土地之“工程学、规划学、信息学、管理学、经济学、法学和生态学等基本原理和方法的土地整治应用理论”①,其相应的实务操作技能往往表现为在监管实践中彰显“执行能力、开创性工作能力、学习能力、沟通协调能力”②之文字表达、口头交流及思维分析技能。

各类土地复垦监管人员中,仅前述作为监管微观执行部门之土地整治机构工作人员是事业单位工作人员,可结合近年来“分类推进事业单位改革”③的逐步深入,将其中履行监管职权而承担部分行政职能的岗位划归行政机关公务员序列。进而根据公务员职位分类相关法律规定,视全体土地复垦监管人员岗位性质、特点之不同,而在所需学科专业知识、实务操作技能基本要求上予以差别化设定。该类基本要求,可通过相应履职资格考试对所涉知识、技能的考核范围予以明确。

其一,就综合管理类土地复垦监管人员而言。该类监管人员主要履行土地复垦监管决策职权,所涉监管行为更多地体现宏观务虚性与非现场性。则相应的履职资格考试考核范围应更侧重学科专业知识,可占权重比的60%;实务操作技能则占权重比的40%。在学科专业知识结构中,更凸显管理学、经济学、法学表征之社会科学知识要求,可占权重比的40%;工程学、规划学、信息学、生态学表征之自然科学知识则占权重比的20%。在实务操

① 余建新、郑宏刚等:《土地整治体系》,中国科学技术出版社2015年版,第80~81页。

② 周敏:《行政执法类公务员胜任力素质技能标准研究——以税务系统公务员为例》,载《中国行政管理》2012年第12期。

③ 《中共中央国务院关于分类推进事业单位改革的指导意见》,载《新华每日电讯》2012年4月17日,第1版。

作技能结构中,更凸显文字表达与思维分析技能,各占权重比的15%;口头交流技能则占权重比的10%。

其二,就行政执法类土地复垦监管人员而言。该类监管人员主要履行土地复垦监管执行职权,所涉监管行为更多地体现微观务实性与现场性。则相应的履职资格考试考核范围应更侧重实务操作技能,可占权重比的60%;学科专业知识则占权重比的40%。在实务操作技能结构中,更凸显口头交流技能,占权重比的30%;文字表达与思维分析技能则各占权重比的15%。在学科专业知识结构中,更凸显法学知识要求,占权重比的20%;其他社会科学知识与相关自然科学知识则各占权重比的10%。

其三,就专业技术类土地复垦监管人员而言。该类监管人员主要为土地复垦监管决策、执行职权的履行提供技术支持与保障,所涉监管行为更多地体现技术客观性与非现场性。则相应的履职资格考试考核范围应更侧重学科专业知识,可占权重比的75%;实务操作技能则占权重比的25%。在学科专业知识结构中,更强调不同专业技术类型的定向知识要求,而仅考核相关学科知识。在实务操作技能结构中,更强调技术事实的客观呈现,而凸显文字表达与思维分析技能,各占权重比的10%;口头交流技能则占权重比的5%。

(二)监管人员实效化在职培训规范

监管人员实效化在职培训规范,即就各类土地复垦监管人员的在职培训主体、科目与方式等事项予以规制,而尝试"确立有效培训绩效评估体系"①的相关法律规范。

---

① 季春东:《绩效评估:公务员培训中重要但未被重视的视域》,载《唯实》2006年第2期。

其一,就在职培训的主体而言。各类土地复垦监管职能部门即该类在职培训的组织方,既可由前述土地复垦监管联席会议牵头组织相关职能部门监管人员统一培训,也可由相关职能部门各自组织其监管人员分散培训。统一培训主要适用于参加监管决策协商的领导职务监管人员,旨在强化其统筹协作意识;分散培训主要适用于执行监管决策决议的非领导职务监管人员,旨在提升其独立办案能力。相应培训机构应具备公务员培训资质,以本地培训为原则、异地培训为补充,并强调对所涉知识、技能的综合培训。

其二,就在职培训的科目而言。应基于土地复垦监管活动的实际“培训需求分析”[①],根据监管人员的不同类型,并结合所涉知识、技能的不同要求而分别设计。该类监管人员在职培训属于公务员培训序列,除一般通识性培训事项外,还需凸显其应用特色与监管履职能力更新类培训,从而确保各类监管人员能够面对复杂、多样的土地复垦事实,及时作出合法、合理、科学、有效的监管干预处置。前述3类实务操作技能,皆为监管人员的个体素质类事项,往往需要常态化的体验式培训方能累积实效。则可将其列为基础培训科目,按照综合管理类、行政执法类、专业技术类监管人员的不同考核范围权重比,分别占其培训学时的40%、60%、25%。前述各类学科专业知识皆存在知识更新的问题,且属于监管人员的专业知识类事项,可通过非常态化、应急性的灌输式定向培训,来推动所涉监管人员学科专业知识及时更新。则可将其列为进阶培训科目,按照3类监管人员的不同考核范围权重比,分别占其培训学时的60%、40%、75%。

---

① 赵乃才:《公务员能力培训及其效果研究》,载《行政论坛》2002年第5期。

其三，就在职培训的方式而言。既有公务员培训制度明确的"专门业务培训和更新知识培训"①教学、考核事项，皆可作为设定土地复垦监管人员在职培训方式的基本指引。"国家—省—市—县四级"②不同层级监管人员的年度培训学时基准，可根据"12 天或者 90 学时"③的最低标准，分别明确对应为 135 学时、120 学时、105 学时、90 学时 4 个档次。最基层的县级监管人员虽然其现场性监管事务较为繁重，但仍需确保其完成 90 学时的最低标准培训，其他 3 个层级监管人员的非现场性监管事务往往逐级增加，而对其宏观性、决策性履职能力提出了更高的要求，则可依次增加其最低培训学时。鼓励各类土地复垦监管职能部门根据所涉知识、技能提升的具体要求，在确保在职培训实效的前提下，就各自培训时间标准予以适当延长。其中，基础培训科目主要采取半脱产"专门业务培训"的方式，充分利用工作零碎时间，增加培训次数、缩短单次培训时长、随教随考，实现培训教学、考核常态化；进阶培训科目主要采取全脱产"更新知识培训"的方式，充分利用各类节假日，限定培训次数、确保单次培训的信息量与新颖性、定期抽考，实现培训教学、考核定向化。综合管理类、行政执法类监管人员可两周左右组织一次基础培训，每次不超过 4 个学时；可 6 个月左右组织一次进阶培训，每次不超过 45 个学时。专业技术类监管人员可 4 周左右组织一

① 韩国明、刘玉泉：《西方国家公务员培训制度对我国的借鉴意义》，载《行政与法（吉林省行政学院学报）》2004 年第 9 期。

② 《国土资源部　国家发展和改革委员会关于印发〈全国土地整治规划（2016—2020 年）〉的通知》，载中国土地学会网，http://www.clss.org.cn/xwdt/201703/t20170301_1441285.htm。

③ 《"十三五"行政机关公务员培训纲要》，载新华网，http://news.xinhuanet.com/politics/2016-12/23/c_1120178124.htm。

次基础培训，每次不超过3个学时；可3个月左右组织一次进阶培训，每次不超过30个学时。单次培训课程设计则基于实际工作时间安排，并结合4个档次学时基准要求，由相应培训组织方灵活确定。

二、确立土地复垦监管框架性内部制裁规范

所确立的土地复垦监管框架性内部制裁规范，即在双向内部制裁权威理念指引下，就土地复垦监管内部制裁“合理性检验”所需被惩戒人向度下认同所涉权威、参与制裁程序以及补正制裁方式事项予以规制的相关法律规范。具体可从内部制裁权威包容性规范、方式整全化规范这两个方面展开分析。

（一）内部制裁权威包容性规范

内部制裁权威包容性规范，即就各类土地复垦监管人员实施内部制裁相应惩戒行为的发起主体予以多向度意愿表达式设定，并在该类主体实施惩戒之步骤环节的类型化规制中凸显被惩戒人参与要义，而确保内部制裁权威包容性的相关法律规范。

其一，就惩戒发起主体而言。应基于既有土地复垦监管体制下上下级组织关系所形成的预设权威，在凸显被惩戒人向度下的认同及参与前提下，设定奉行合议制的土地复垦监管人员惩戒委员会。该惩戒委员会即在土地复垦监管领域，根据既有一般性公务员惩戒法律规范，特别设定之实施内部制裁相应惩戒行为的行政责任惩戒决定机关或刑事责任惩戒提请机关。若涉及普通的个体行为惩戒案，惩戒委员会应由两名监管人员所在职能部门的代表、两名监管人员的代表以及一名法律专家共5人组成；若涉及影响较大的集体行为惩戒案，法律专家可增加至3名共7人组成惩戒委员会。其旨在一方面基于上下级组织关系

之“惩戒权限”①就所涉内部制裁权威予以厘清并固化；另一方面尝试将既有上下级单向度预设权威扩张至得到被惩戒人首肯或认同的“用于下属的福利之优越的力量”②式权威，以设定更具包容性的多向度惩戒发起主体，进而为完成“合理性检验”提供必要的组织保障。

其二，就惩戒程序参与要义而言。践行“合理性检验”还需要在所涉内部制裁惩戒程序规范设定中彰显“正当性、合理性与谦抑性责任条款思维理念”③，以推动惩戒所涉各方主体特别是处于相对弱势地位之被惩戒人的切实参与。需提请有权机关来完成的刑事责任惩戒程序，在既有刑事诉讼法律规范中已有清晰规制，且作为犯罪嫌疑人的被惩戒人相关参与机制与诉权保障皆较为明确。应予规制的被惩戒人参与制裁程序事项，应当在凸显开放式、对抗型参与要义前提下，指向土地复垦监管人员惩戒委员会自身进行的行政责任惩戒决定或刑事责任惩戒提请程序。这两类程序的具体运作步骤皆为受理、调查、质证、认定4个环节，区别即在于认定的结果是该被惩戒行为应追究行政责任还是刑事责任，若为前者，则由该委员会直接作出惩戒决定；若为后者，则由该委员会提请检察机关介入而启动刑事诉讼程序。在受理环节的参与要义即为被惩戒人的知情权，其应及时获知拟被惩戒的事由以及后续惩戒环节参与事项；在调查环节的参与要义即

① 董芳：《如何界定公务员纪律惩戒中的处分决定机关》，载《中国监察》2013年第20期。

② ［德］斐迪南·滕尼斯：《共同体与社会——纯粹社会学的基本概念》，林荣远译，商务印书馆1999年版，第64页。

③ 李亮：《法律责任条款规范化设置研究》，中国社会科学出版社2016年版，第81页。

为被惩戒人的配合调查与主动举证，务求就被惩戒行为所涉各项事实完成全景式呈现；在质证环节的参与要义，即为惩戒所涉各方主体就各项调查事实证据进行充分的说明与质辨；在认定环节的参与要义同样为被惩戒人的知情权，其应及时获知惩戒认定的结果以及后续申诉救济事项。

（二）内部制裁方式整全化规范

内部制裁方式整全化规范，即就作为各类土地复垦监管人员实施惩戒的客观量化依据之责任认定标准、责任事项内容予以类型化规制的相关法律规范。应围绕既有内部制裁法律规范设定的监管人员徇私舞弊、滥用职权、玩忽职守3类归责行为，主要阐明以下事项：所涉行为的界分要义、所涉行为追究行政责任抑或刑事责任的界分要义、所涉行为适用相应行政责任抑或刑事责任的具体条款准据。

其一，滥用职权行为。应将《条例》第36条第1～3项以及《实施办法》第49条第1～2项规定的6类职权事项列入滥用职权行为责任范围。该类行为即指向土地复垦监管人员的越位监管，其界分要义在于监管人员超出了建设用地审批、采矿许可证审批、土地复垦费使用、土地复垦验收、土地复垦费支取通知书出具、退还耕地占用税意见出具这6类监管职权事项范围而积极作为。其中，土地复垦费使用与土地复垦验收所涉具体职权事项，应在相应的权责条款中予以清单化列明。

其二，玩忽职守行为。应将《条例》第36条第4项以及《实施办法》第49条第1～2项规定的4类职权事项列入玩忽职守行为责任范围。该类行为即指向土地复垦监管人员的缺位监管，其界分要义在于监管人员怠于行使监管职责履行、违法行为查处、土地复垦费支取通知书出具、退还耕地占用税意见出具这4类监管职权而消极不作为。其中,监管职责履行与违法行为查处所涉具体职权事项,应在相应的权责条款中予以清单化列明。

其三,徇私舞弊行为。应将《条例》第36条第5项规定的监管过程财务利益输送事项列入徇私舞弊行为责任范围。该类行为即是指向土地复垦监管人员越位、缺位监管所涉的动机诱因,其界分要义在于监管人员是否因该类行为而谋取不当私益。所涉"其他利益"的具体事项范围,应在相应的责任准据条款中予以清单化列明。

基于此,应将滥用职权、玩忽职守行为设定为基本归责行为,追究其行政责任抑或刑事责任的界分要义,即在于该行为是否造成与之构成因果关系的重大损失。认定重大损失的准据条款应在所涉规范性法律文件的"附则"部分,明确指向《最高人民检察院关于渎职侵权犯罪案件立案标准的规定》之两类不同列举式规定。应将徇私舞弊行为所涉谋取不当私益设定为滥用职权、玩忽职守行为的加重惩戒事项,而就相关越位、缺位监管一并实施制裁。3类行为适用不同行政责任抑或刑事责任的准据条款,同样应在所涉规范性法律文件的"附则"部分予以明确的准用性设定。所涉行政责任,即指向《行政机关公务员处分条例》有关"警告、记过、记大过、降级、撤职、开除"之6类处分不同适用情形的具体规定;所涉刑事责任,即指向《刑法》第397条第1款之滥用职权罪、玩忽职守罪规定,第397条第2款、第402条、第410条之徇私舞弊罪规定。

小　结

土地复垦监管组织条款的规范分析，即基于机构能力这一"回应型法"命题，在法释义学范式的指引下，围绕土地复垦监管之微观领域印证、反思行政组织法所涉行政权配置、公务员管理理论的基本制度载体，来探讨所涉机构建制、治理要义的规范评判与规范设定命题。首先，就存续于土地复垦相关规范性法律文件中的监管机构建制条款和监管机构治理条款，予以归类和定性；其次，围绕所涉法律机构的权威"必须是开放的和参与性的"之结构性要义，具体从"鼓励协商、决策理由说明、欢迎批评、合理性检验"4个方面就所涉规范予以评价或判断，发现其在部门协同、职权互动、任职保障、框架性制裁规范设定上存在缺失；最后，基于相应规范评判的结果，来探寻规制机构建制、治理事项之土地复垦监管组织条款契合于相应"提升机构能力"要求的规范设定路径。

其一，应在横向协商式协同理念指引下，厘清土地复垦各环节监管中"鼓励协商"所涉协同部门的职责事项与协商范围。应设定土地复垦监管联席会议制度，并将其定性为监管决策协商机构；实施该会议共同监管决策的执行机构，即参加会议的各相关职能部门，还应明确各类监管部门在不同土地复垦环节的具体执行事项。其二，应在相对人有效监督监管过程理念指引下，厘清土地复垦各环节监管中"欢迎批评"所涉主导、协同监管部门的职权事项、信息公开事项。应列明各类土地复垦监管职能部门的职权目录、实施主体、法律依据、运行流程等事项，以及相关权责信息的不同公开方式及相应公开程序等事项。其三,应在切实提升监管人员履职能力理念指引下,厘清土地复垦监管人员“决策理由说明”所需学科专业知识与实务操作技能之履职能力准入等事项。应列明各类土地复垦监管人员正常履职所需学科专业知识、实务操作技能基本要求,以及其在职培训主体、科目与方式等事项。其四,应在双向内部制裁权威理念指引下,厘清土地复垦监管内部制裁“合理性检验”所需被惩戒人向度下认同所涉权威、参与制裁程序以及补正制裁方式事项。应就各类土地复垦监管人员实施内部制裁相应惩戒行为的发起主体予以多向度意愿表达式设定,并在该类主体实施惩戒之步骤环节的类型化规制中凸显被惩戒人参与要义;还应就作为各类土地复垦监管人员实施惩戒的客观量化依据之责任认定标准、责任事项内容予以类型化规制。

第三章　土地复垦监管的行为选择论

作为一种“恢复利用生产建设损毁和历史遗留、自然灾害损毁土地的土地整治活动”①之土地复垦，所涉监管行为即是以达成“加大损毁土地复垦力度，保障土地可持续利用”②为目标，而存续于土地复垦活动全过程相应环节的检查验收、信息报备、行政审批、资金监管和行政处罚之行政行为。近年来，我国土地复垦监管工作已初见成效，但“把权力和责任放

---

① 赵谦：《互助与自足：土地复垦监管的共同体关系及功能》，载《暨南学报（哲学社会科学版）》2017年第8期。

② 《国土资源部　国家发展和改革委员会关于印发〈全国土地整治规划（2016—2020年）〉的通知》，载中国土地学会网，http://www.clss.org.cn/xwdt/201703/t20170301_1441285.htm。

下去，把服务和监管抓起来"[①]的理念，在当下土地复垦监管"产生行为的生理的、心理的过程"[②]中并未得到充分彰显。

厘清土地复垦监管行为规范的合作治理形式选择，旨在阐明合作治理范式在该类行为领域展开具体运用的现实性乃至可能的规范设定面向，进而尝试在所涉行为规范维度来印证、具象"形式选择相对自由化"[③]之行政行为法理论发展任务命题。其既关涉相应监管行为在行为观念方面的"依赖于合作完成与独立于合作完成"[④]阐释之合作实践中的相关性维度目标，也与所涉监管行为在行为人方面的"外部的利益相关者与内部成员"[⑤]阐释之合作实践中的来源维度目标有关，而皆指向土地复垦监管行为的合作治理主体性意愿。

合作治理范式下的主体性意愿，往往显现为基于"参与到决策过程不同阶段利益相关者"[⑥]的互惠互利目标与共识导向之利益导向、载体工具以及协同组织选择意愿，应尝试厘清该类选择意愿指引于土地复垦监管行为规范所呈现的行为形式选择面向。最终就土地复垦监管行为实现"规范标准的依法制定、执行和发

① 国土资源部执法监察局：《把权力和责任放下去　把服务和监管抓起来》，载《中国国土资源报》2013 年 5 月 8 日，第 9 版。

② 孙钱章：《实用领导科学大辞典》，山东人民出版社 1990 年版，第 277 页。

③ 章志远：《当代中国行政行为法理论发展的新任务》，载《学习与探索》2018 年第 2 期。

④ [英]Stephen P. Osborne 编著：《新公共治理？——公共治理理论和实践方面的新观点》，包国宪、赵晓军等译，科学出版社 2016 年版，第 155 页。

⑤ [英]Stephen P. Osborne 编著：《新公共治理？——公共治理理论和实践方面的新观点》，包国宪、赵晓军等译，科学出版社 2016 年版，第 154～155 页。

⑥ 臧雷振：《国家治理：研究方法与理论建构》，社会科学文献出版社 2016 年版，第 31 页。

展”[①],以期在相应监管制度层面达致一种合作行政模式下的治理型行为规范建构。

第一节　土地复垦监管行为规范的行为利益选择

合作治理范式下的利益导向选择意愿,旨在凸显该类意愿基于广泛共识的主动、自觉合作,以实现相关行政行为对所涉“利益冲突的识别与衡平”[②]。可尝试从土地复垦监管行为观念所涵摄的逐利心态与信任习惯这两方面要素,来具体厘清相应土地复垦监管行为规范蕴含的行为利益选择。

一、土地复垦监管行为规范的逐利心态选择

逐利心态选择主要围绕相关社会主体在实践过程中直接追求的,具有一定物质性与客观具体性特征的“功利境界”[③]而展开。土地复垦监管行为观念所涵摄的逐利心态要素往往指向“抽象利益与具体利益”[④]之双重利益目标,以实现相应行政监管活动的效益最大化。

(一)土地复垦监管行为规范的抽象利益目标

抽象利益目标往往与既有行为规范设定的旨在实现所涉有序化、高效化活动之价值回馈与保障回馈的考量有关。《条例》

---

① 马英娟:《政府监管机构研究》,北京大学出版社2007年版,第32页。

② 李启家:《环境法领域利益冲突的识别与衡平》,载《法学评论》2015年第6期。

③ 方朵、刘力贺:《在功利境界与道德境界之间的觉悟错位——现代道德困境的原因探析》,载《社会科学家》2012年第7期。

④ 赵谦:《互助与自足:土地复垦监管的共同体关系及功能》,载《暨南学报(哲学社会科学版)》2017年第8期。

第1条和《实施办法》第2条原则性规定的所涉"社会效益、经济效益和生态效益"之抽象利益目标，仍更多地停留在概念层面，皆未能在各类具体行为规范中予以必要的定性设定。在所涉行为规范中，应将社会效益定性为优化损毁土地利用格局目标，将经济效益定性为提升损毁土地资源价值目标，将生态效益定性为改善损毁土地生态系统功能目标，并将该类目标设定列入《实施办法》第35条之验收内容事项范围，以充分发挥"整体优化农业生态环境、增强自然灾害的抵御能力，持续增强自然资源综合利用效率"①引领下的利益平衡制约作用。

(二)土地复垦监管行为规范的具体利益目标

具体利益目标往往与既有行为规范设定的旨在实现所涉科学化活动之效益回馈有关。《条例》第32条之"耕地占用税"规定、第33条之"长期从事生产、明确使用和收益分配"规定、第34条之"给予补贴"规定、第35条之"补充耕地指标"规定和《实施办法》第41条之"耕地占用税"规定、第42条之"补充耕地指标"规定、第43条之"交给集体使用"规定，分别就所涉具体利益"企图"予以了较为清晰的列明。但是，该类利益设定在实施规程方面的可操作性仍存在疏漏，难以推动所涉土地复垦行为人、土地复垦权利人形成参与相应公共权力行使的使命感与认同感，而掣肘了达致所涉公共利益的一致性目标。不妨基于"具体化、细化意义上的'法律可操作性'"②，明确"长期从事生产"的具体时限、"使用和收益分配"的具体规则、"补贴"的类型与标准、"集体

① 高向军：《土地整理理论与实践》，地质出版社2003年版，第4页。

② 陈金钊：《警惕"可操作性"在法律思维中的标签化蔓延——从司法角度反思法律的可操作性》，载《国家检察官学院学报》2012年第1期。

使用”的方式,进一步厘清《实施办法》第 41 条之“向有关部门申请办理退还耕地占用税手续”规定、第 42 条之“市、县政府可以出资购买指标”规定所涉申请对象、申办流程与购买规程,若在其他规范性法律文件中已有相关规范,则应设定必要的指引式非确定性行为规范。

二、土地复垦监管行为规范的信任习惯选择

信任习惯选择主要围绕相关社会主体在实践过程中逐步养成,基于自身理性考量与利益权衡所确立的公共事务交往“信赖规则”[①]而展开。土地复垦监管行为观念所涵摄的信任习惯要素,往往指向维系相应治理主体彼此依赖性与认同度的信任媒介与信任过程需求,以确保在监管职能部门与其他监管行为人之间基于信任媒介而降低扭曲、异化协作风险。

(一)土地复垦监管行为规范的信任媒介需求

信任媒介需求往往与既有行为规范设定的旨在确保各类监管行为人知悉、反馈其“正当信赖利益”[②]的交互性制度空间有关。《条例》第 19 条之“向主管部门申请调解”规定、第 33 条之“主管部门组织签订协议”规定和《实施办法》第 41 条之“主管部门出具意见”规定,皆彰显了其他监管行为人对监管职能部门不同行为方式下,实现依法、合理、公正作为的充分信赖。但是在传统的单向度权力规制关系形态中,仅仅只有其他监管行为人的单向意愿是不足以固化该类信赖利益乃至达成双方信任共识的。有必要将监管职能部门做出上述行为的依据、结果等事项,一并纳入《实施办法》第 45 条之“在门户网站上及时向社会公开重大

① 马新彦:《信赖规则之界定》,载《法制与社会发展》2002 年第 3 期。

② 黄学贤:《行政法中的信赖保护原则》,载《法学》2002 年第 5 期。

事项”规定所涉的信息公开范围。基于此，还应根据《条例》第 7 条之“土地复垦信息管理系统”规定设立“土地复垦信息化监管平台”[①]，通过公开化、可查询的“一网两微一端一平台”[②]等技术手段，来实现其他监管行为人列明之各类信赖利益事项与监管职能部门相应权责事项的信息反馈乃至交互。

（二）土地复垦监管行为规范的信任过程需求

信任过程需求往往与既有行为规范设定的，旨在实现对各类监管行为人所涉信赖利益存续保护的交互性信任机制有关。在前述原则性“信赖”行为方式规定的基础上，《条例》第 18 条之“不得截留、挤占、挪用”规定、第 23 条之“可以采取扶持、优惠措施”规定和《实施办法》第 29 条之“申请复核、裁定”规定、第 36 条之“提出异议、整改意见”规定，也尝试就所涉信赖利益实现禁止式、授权式乃至确认式救济保障。但仅仅只有前端原则性行为方式规定和后续兜底式救济保障规定，不足以固化所涉信赖利益并最终达成双方信任共识。有必要增加行为本体过程面向之监管职能部门“调解”程序和“组织签订协议、出具意见”操作规程相关实施性行权羁束规定，以列明监管职能部门作出相应行为的规范依据、步骤环节与结果标准。最终，在明晰所涉“事实认定、规范适用、行为变动”[③]之信赖利益存续保护具体环节的基础上，通过前述信任媒介技术手段，而达致其他监管行为人与监管职能部门之间的信任共识效应。

① 周妍、白中科等：《中国土地复垦监管体系问题与对策》，载《中国土地科学》2014 年第 2 期。

② 潘玲：《“一网两微一端一平台”助推党建创新》，载《青海日报》2016 年 8 月 10 日，第 6 版。

③ 李春燕：《行政信赖保护原则研究》，载《行政法学研究》2001 年第 3 期。

第二节 土地复垦监管行为规范的行为载体选择

合作治理范式下的载体工具选择意愿，旨在凸显承载所涉意愿表达之“技术风险、工具理性”①，以推动相关行政行为辅以必要工具手段而顺利达致监管实效回馈。可尝试从承载土地复垦监管行为观念的科学事实工具和行政规制工具这两方面，来具体厘清相应土地复垦监管行为规范蕴含的行为载体选择。

一、土地复垦监管行为规范的科学事实工具选择

科学事实工具选择，主要基于相应公共事务的复杂性、不确定性与不可控性之纾缓要素而展开。承载土地复垦监管行为观念的科学事实工具，既指向旨在提高复垦土地质量之“自然科学、技术科学和社会科学”②的跨学科技术方法、标准，也与实现相应技术创新和技术推广的专业人才有关。

（一）土地复垦监管行为规范的技术方法、标准指向

《条例》第 9 条之“鼓励和支持技术创新，推广先进技术”规定和《实施办法》第 24 条、第 45 条之“技术方法、技术标准”规定皆就所涉技术事项予以原则性设定，但缺乏更为清晰、具体的技术标准行为指引。事实上，伴随 1995 年《土地复垦技术标准（试行）》的废止，相应技术标准从体例结构到具体内容皆发生了较大变化。2011 年《土地复垦方案编制规程》（TD/T 1031.1 –

① 王伯鲁：《技术困境及其超越问题探析》，载《自然辩证法研究》2010 年第 2 期。

② 付梅臣、王金满等编著：《土地整理与复垦》，地质出版社 2007 年版，第 187 页。

2011)[1]、2013 年《土地复垦质量控制标准》(TD/T 1036 - 2013)[2]、2014 年《生产项目土地复垦验收规程》(TD/T 1044 - 2014)[3]和 2016 年《矿山土地复垦基础信息调查规程》(TD/T 1049 - 2016)[4],即为现行有效的主要行业内部控制技术标准。然而,既有行为规范设定并未能就该类技术标准确立必要的规范联结,易造成事实上的规范效力脱钩。可考虑进一步明确所涉技术事项的事前方案编制要义与事中、事后的质量控制要义,并将相应标准、规程以附录的形式纳入《实施办法》中一并设定,而进一步固化该类行业内部控制技术标准的制度化、强制力效应。

(二)土地复垦监管行为规范的专业人才指向

《条例》第 28 条之"邀请专家现场踏勘"规定和《实施办法》第 10 条之"组织专家论证"规定、第 35 条之"组织邀请专家进行验收"规定,皆就所涉专业人才事项予以原则性设定,但缺乏更为清晰、具体的专业人才行为指引。近年来,伴随土地复垦活动逐渐被纳入耕地保护与土地整治战略部署的整体规划序列,所涉专业人才亦不应仅仅只限于土地复垦领域。《实施办法》第 10 条之"土地复垦专家库"规定已然脱节于实际工作,相关专业人才涉及"土地资源管理、土地利用规划、建设工程、项目管理、规划设

---

① 《土地复垦方案编制规程》,载中华人民共和国自然资源部网,http://www.mnr.gov.cn/hd/jyxc/tdfk/jsbz/201811/t20181114_2363974.html。

② 《土地复垦质量控制标准》,载中华人民共和国自然资源部网,http://www.mnr.gov.cn/hd/jyxc/tdfk/jsbz/201811/t20181114_2363973.html。

③ 《国土资源部关于发布〈生产项目土地复垦验收规程〉等 3 项行业标准的公告》,载中华人民共和国自然资源部网,http://www.mnr.gov.cn/gk/bzgf/201411/t20141102_1971827.html。

④ 《国土资源部关于发布〈土地整治重大项目实施方案编制规程〉等 3 项行业标准的公告》,载中华人民共和国自然资源部网,http://www.mnr.gov.cn/gk/tzgg/201607/t20160719_1991806.html。

计、预算、财务、审计、土地复垦、生态环境、土壤学、农业、农田水利、信息技术”①等多个领域，而应将该项规定修改为“土地整治专家库”，从中选取相关专家来提供土地复垦事项的相应技术咨询服务。亦可进一步将土地整治专家集中推荐条件、程序与动态调整等基准事项以附录的形式纳入《实施办法》中一并设定，而尝试确立公开化、标准化、规范化的所涉专业人才遴选机制。

二、土地复垦监管行为规范的行政规制工具选择

行政规制工具选择，主要基于推动解决跨领域、多部门公共问题所涉治理绩效的切实改善而展开。承载土地复垦监管行为观念的行政规制工具，作为一种行政行为实现“社会控制”②的技术方法、标准，更多地围绕既有行为规范设定而展开。既有土地复垦监管行为规范，大体上围绕较为传统的工具展开设定。

（一）土地复垦监管行为规范所涉契约规制工具

相关契约规制条款主要为：《条例》第 33 条之“土地复垦协议”规定；《实施办法》第 26 条之“复垦义务转让合同”规定，第 17 条、第 23 条、第 26 条、第 47 条之“土地复垦费用使用监管协议”规定。上述条款虽然就 3 类契约的属性、内容、效力、变更及管理事项分别予以较为清晰的规定，但契约载明的监管主体职责权限，有必要基于“精巧规制”③理念，围绕所涉“操纵信息、市场

① 《国土资源部办公厅关于开展土地整治专家集中推荐工作的函》，载中国国土整治网，http://www.lcrc.org.cn/tzgg/tzgg/201703/t20170302_38558.html。

② 倪正茂：《“法律是政府的社会控制”吗？》，载《政治与法律》1998 年第 3 期。

③ [英]罗伯特·鲍德温、[英]马丁·凯夫等编：《牛津规制手册》，宋华琳、李鸻等译，上海三联书店 2017 年版，第 146 ~ 150 页。

结构、审查与可问责性"①等微观事项进一步细化。此外,相关土地复垦行为人于一般性违约责任以外的,"信息披露、撤回权、救济权"②所涉行为生成的行政法律责任也有待确立。

（二）土地复垦监管行为规范所涉标准规制工具

相关标准规制条款主要为:《条例》第6条、第11条、第16条、第18条、第28条之"土地复垦标准"规定,第16条之"环境保护标准、国家有关标准"规定;《实施办法》第4条之"有关国家标准、土地管理行业标准、土地复垦工程建设和造价等标准"规定,第24条之"表土剥离技术标准"规定,第45条之"技术标准"规定。上述条款所涉标准较为庞杂,且指向性不够明确。有必要基于"元规制"③理念,充分尊重科学事实维度的行业内部控制技术标准,完成相关国家标准、行业标准以及地方标准的调适、整合,进而确立土地复垦领域的类型化标准体系,并明确3类标准的效力等级与适用范围。

（三）土地复垦监管行为规范所涉威慑式规制工具

相关威慑式规制条款针对不同对象以及行为,分别设定了6类制裁形式。其一,针对违法监管行为,设定了"给予处分—追究刑事责任"之进阶人身罚的二阶制裁。具体适用于《条例》第36条和《实施办法》第49条所列明的违法审批、违法使用复垦费用、虚假复垦验收、监管不力、违法牟利、违法出具复垦费用支取

① [英]罗伯特·鲍德温、[英]马丁·凯夫等编:《牛津规制手册》,宋华琳、李鸻等译,上海三联书店2017年版,第103~110页。

② 孙良国:《论新〈消费者权益保护法〉中的主要规制技术》,载《当代法学》2014年第4期。

③ [英]罗伯特·鲍德温、[英]马丁·凯夫等编:《牛津规制手册》,宋华琳、李鸻等译,上海三联书店2017年版,第150~156页。

通知书、违法出具退还耕地占用税意见、其他违法行为8种行为。其二，针对未依法行为，设定了“责令限期改正—罚款”之行为罚至财产罚的二阶制裁。具体适用于《条例》第37～39条、第41条和《实施办法》第50～52条分别设定的未依法编制复垦方案、未依法编列复垦费用、未依法进行表土剥离、未依法报告复垦情况、未依法进行复垦备案、未依法预存复垦费用、未依法进行复垦质量管控7种情形。其三，针对破坏行为，设定了“治安管理处罚—追究刑事责任”之进阶人身罚的二阶制裁。具体适用于《条例》第43条第2款所列明的破坏土地复垦行为。其四，针对有害行为，设定了“责令停止违法行为、限期治理、罚款—代治理”之行为罚、财产罚二阶制裁。具体适用于《条例》第40条所列明的有害回填行为。其五，针对抗拒行为，设定了“责令限期缴纳—罚款、吊销许可证”之行为罚至财产罚、资格罚的二阶制裁。具体适用于《条例》第42条所列明的拒不缴纳土地复垦费行为。其六，针对妨碍行为，设定了“责令改正、罚款—治安管理处罚—追究刑事责任”之行为罚、财产罚至进阶人身罚的三阶制裁。具体适用于《条例》第43条第1款所列明的妨碍监管行为。第一类制裁形式针对作为规制者的土地复垦监管部门工作人员而设定，后5类制裁形式则针对作为规制对象的土地复垦行为人而设定。上述条款虽然就各种违法行为设定了较为全面的惩罚措施，但更多地只是一种穷尽式行为列举，特别是未能就规制对象所涉行为与相应制裁实现必要的类型化、层级化规制。

第三节　土地复垦监管行为规范的行为组织选择

合作治理范式下的协同组织选择意愿，旨在确立不同组织形态之间实现资源共享、权责协调配合的动态组织架构，以促进形成“共建共治共享的社会治理格局”①。可尝试依循“协同形式和协同内容”②之线索，从推动土地复垦监管行为人实现内部协同与外部协同两方面，具体厘清相应土地复垦监管行为规范蕴含的行为组织选择。

一、土地复垦监管行为规范的内部协同组织选择

内部协同组织选择主要存续于监管主体内部，即指在既有土地复垦监管体制下，不同层级监管部门之间、相同层级不同监管部门之间，为达成共同监管目标而“相互合作、相互配合、共同实施”③相应监管活动，所形成的确保行政协作持续性效益的组织结构样态。

（一）土地复垦监管行为规范的内部协同形式

所涉内部协同形式，往往与既有行为规范设定的旨在高效推进土地复垦监管工作相关权责分工架构有关。《条例》第 5 条之“负责监督管理”规定和《实施办法》第 3 条之“加强协同配合和

---

① 夏锦文：《共建共治共享的社会治理格局：理论构建与实践探索》，载《江苏社会科学》2018 年第 3 期。

② 赵谦：《机构建制与治理：土地复垦监管组织条款的规范分析》，载《东方法学》2018 年第 5 期。

③ 刘福元：《部门间行政协作的困境与出路——以城市管理综合执法为例》，载《当代法学》2016 年第 5 期。

行业指导监督”规定，大体上明确了自然资源（国土资源）行政部门主导下的内部“等级制纵向协同”[①]形式。但因该主导部门与其他职能部门的平级属性，往往使得协同监管下应确立的多向度“共识—意愿”式治理要义流于形式，而更多地回归到传统上级部门的单向度“命令—服从”式管制样态。在既有条块分割体制中，理想状态下复合型监管主体应对复杂多变环境的治理能力非但未能借此而提升，应有的预设监管权威或许在易诱发龃龉的跨部门应对、处置机制下沦为空谈。不妨在“契约社会观念”[②]指引下，通过“土地复垦监管联席会议”[③]规范设定，明确土地复垦监管行为的内部协同形式选择。

（二）土地复垦监管行为规范的内部协同内容

所涉内部协同内容，往往与既有行为规范设定的逐项列明相关职能部门具体协同监管事项的权力清单有关。《条例》第 28 条、第 30 条之“进行验收”规定和《实施办法》第 3 条之“加强监督和指导”规定、第 35 条之“验收”规定、第 36 条之“核查”规定，大体上明确了“国土搭台、部门协同、上下联动工作机制”[④]的基本工作事项要求。但未能就各相关职能部门在土地复垦活动全过程各环节监管中，基于参与意愿、责任感和使命感之协商决策、会同配合事项，予以清晰、具体的行为规范指引。务虚式规定与

---

① 蒋敏娟：《法治视野下的政府跨部门协同机制探析》，载《中国行政管理》2015 年第 8 期。

② 杨解君：《论契约在行政法中的引入》，载《中国法学》2002 年第 2 期。

③ 赵谦：《机构建制与治理：土地复垦监管组织条款的规范分析》，载《东方法学》2018 年第 5 期。

④ 《国土资源部　国家发展和改革委员会关于印发〈全国土地整治规划（2016—2020 年）〉的通知》，载中国土地学会网，http://www.clss.org.cn/xwdt/201703/t20170301_1441285.htm。

模糊化表达，往往会导向监管所涉“政策制定、执行和项目管理、公共服务提供中的协同失灵”①，应通过厘清所涉合作意向目标、权力资源配置、权责义务关系、行权步骤规程之土地复垦“监管部门协同内容规范”②设定，明确土地复垦监管行为的内部协同内容选择。

二、土地复垦监管行为规范的外部协同组织选择

（一）土地复垦监管行为规范的外部协同形式

所涉外部协同形式，往往与既有行为规范设定的旨在推动土地复垦监管职能部门与其他监管行为人共同努力实现公共目标的“‘社会联合’监管机制”③有关。《条例》第28条之“邀请有关专家、听取相关权利人的意见”规定和《实施办法》第10条之“组织专家进行论证”规定、第35条之“组织邀请有关专家和农村集体经济组织代表”规定、第36条之“相关土地权利人提出异议、核查结论反馈”规定，大体上明确了“专家、权利人”所代表的其他土地复垦监管行为人在项目验收环节、方案审批环节协同监管的基本事项。但所涉协同更多地仍是以监管职能部门为中心，其他监管行为人提供辅助“意见”式参与协同。应在检查验收行为环节，确立其他监管行为人的结果决定式协同形式，将“专家、权利人”设定为作出验收结论的第三方；应在信息报备、行政审批行为环节，确立其他监管行为人的辅助决策式协同形式，将“专家”

---

① 周志忍、蒋敏娟：《中国政府跨部门协同机制探析——一个叙事与诊断框架》，载《公共行政评论》2013年第1期。

② 赵谦：《机构建制与治理：土地复垦监管组织条款的规范分析》，载《东方法学》2018年第5期。

③ 赵谦：《互助与自足：土地复垦监管的共同体关系及功能》，载《暨南学报（哲学社会科学版）》2017年第8期。

意见设定为完成该类行为的实体性支撑材料；应在资金监管、行政处罚行为环节，确立其他监管行为人的参与监督式协同形式，将“权利人”意见设定为完成该类行为的程序性参考材料。

（二）土地复垦监管行为规范的外部协同内容

所涉外部协同内容，往往与既有行为规范设定的旨在推动土地复垦监管职能部门与其他监管行为人通过对话式等方式，形成“资源共享、优势互补、分工合作”①之实质性伙伴关系有关。其他监管行为人作为监管职能部门以外的其他监管子系统，应将“其他子系统的有益力量”②引入监管过程并实现两者间的有机整合。《条例》第28条和《实施办法》第10条、第35～36条之其他监管行为人协同监管规定，并未明确该类辅助式协同所涉“意见”的具体事项内容。应基于前述其他监管行为人在5个行为环节的3类协同形式设定，分别予以相应行为准据指引。“专家、权利人”在结果决定式协同中，应就以下事项出具明确的“是否符合项目设计或要求”意见：项目总面积、新增耕地面积、各类项目工程质量及功能使用情况、施工企业质量管理情况、监理单位质量控制情况、工程作业质量检查情况等。“专家”在辅助决策式协同中，应就以下事项的执行情况出具明确的“是否执行”意见：项目管理制度、土地权属调整、项目工程管护措施、项目档案管理等。“权利人”在参与监督式协同中，应就以下事项出具明确的“是否知悉”意见：财务机构设置、资金拨付管理、会计账务管理、项目审计报告、处罚事由、处罚程序、处罚结果等。此外，还应围

① 张开云、叶浣儿等：《多元联动治理：逻辑、困境及其消解》，载《中国行政管理》2017年第6期。

② 谭冰霖：《环境规制的反身法路向》，载《中外法学》2016年第6期。

绕上述具体意见事项分别设计不同的意见汇总样表,并以附录的形式纳入《实施办法》中一并设定,从而进一步凸显其他监管行为人实现外部协同的模块化、标准化效应。

小 结

经过上述现实性之合作实践中的相关性与来源维度检视,可以证成合作治理范式在土地复垦监管行为领域展开具体运用的可能,并通过所涉行为形式选择之厘清,在一定程度上印证、具象了行政行为法理论的该类发展任务命题,从而可为土地复垦监管行为的系统、科学规制,以及所涉监管制度的治理型行为规范建构指明方向。既有土地复垦监管行为方面存在诸多现实问题的肇因,往往即相应土地复垦监管行为规范不健全。事实上,该类法律规范主要散见于我国的低位阶规范性法律文件中,相关规定虽旨在凸显其实施性与可操作性,但在 5 个行为环节的系统化、类型化规范设定上仍存在不少疏漏。土地复垦监管过程必须超越以往长期沿用之“命令—服从”式单向性、强制性行政管理模式,所涉行为规范设定有必要在行政行为法理论指引下引入合作治理范式,以有效凸显平等、协商决策与共识导向所表征的合作理念;进而基于该范式在利益导向、载体工具以及协同组织之行为形式选择意愿 3 个方面呈现的耦合面向,识别、评判既有的土地复垦监管行为规范,尝试探究指引土地复垦监管检查验收、信息报备、行政审批、资金监管和行政处罚诸类行政行为契合于合作治理范式的规制要义。

第四章 土地复垦监管的行为规制论

土地复垦作为一种将生产建设损毁和历史遗留、自然灾害损毁土地恢复到可供利用状态的土地整治活动，其所涉合作监管即是将凸显“跨领域、跨部门特性”①的旨在实现公共权力与自由裁量彼此调适的规制策略，置于“社会性监管和行政性监管”②的复合场域，适用于土地复垦活动依法“管理、协作、自治”③的一种行为过程。

近年来，我国围绕《条例》和《实施办法》，

① 蒋敏娟：《法治视野下的政府跨部门协同机制探析》，载《中国行政管理》2015 年第 8 期。

② 马英娟：《监管的概念：国际视野与中国话语》，载《浙江学刊》2018 年第 4 期。

③ 赵谦：《互助与自足：土地复垦监管的共同体关系及功能》，载《暨南学报（哲学社会科学版）》2017 年第 8 期。

逐步确立了土地复垦监管体系。但“协商决策、会同配合事项”①较为模糊,“共同责任机制尚未建立”②,以及“机构不健全、缺乏配合、手段落后、人员业务水平不高”③等体制机制问题,亦相伴而生。特别是在具体规制活动中,因监管机构怠于行使职权,传统命令控制型规制下应有的制裁形同虚设;相应的复垦义务人亦在自身利益最大化驱使下枉顾其法定义务履行,致使新兴自我规制更多地局限于学术想象。各地诱发了“王家店砂场整治公益诉讼案件”④“四川省荣县人民检察院诉国土资源局不依法全面履职案”⑤“湄潭县检察院督促履行土地复垦监管职责公益诉讼案”⑥“王某某、周某破坏土壤民事公益诉讼案”⑦“华某破坏土地资源民事公益诉讼案件”⑧“哈牡高铁建设占用土地复垦行政公

---

① 赵谦、董亚辉:《土地复垦监管行为规范的主体性合作治理形式选择》,载《中国土地科学》2020年第3期。

② 国土资源部土地整治中心:《土地整治蓝皮书:中国土地整治发展研究报告(No.1)》,社会科学文献出版社2014年版,第114页。

③ 赵谦:《机构建制与治理:土地复垦监管组织条款的规范分析》,载《东方法学》2018年第5期。

④ 开化检察:《【公益诉讼“回头看”】土地复垦,补植复绿,“公益诉讼”助力绿色发展》,载浙江新闻网2019年5月24日,https://zj.zjol.com.cn/qihanghao/100080229.html。

⑤ 《最高人民检察院发布26件公益诉讼典型案例之十二:四川省荣县人民检察院诉国土资源局不依法全面履职案》,载中国司法案例研究中心网2019年10月12日,http://www5.zzu.edu.cn/fxyzx/info/1005/2738.htm。

⑥ 《遵义市人民检察院发布公益诉讼典型案例》,载贵州省仁怀市人民检察院网,http://www.gzrenhuai.jcy.gov.cn/yasf/202004/t20200430_2825784.shtml。

⑦ 《【媒体之声】两被告“得不偿失”——非法挖沙赚取30万土地修复却花80万》,载青岛市人民检察院网,http://www.qdjcy.gov.cn/html/gxjd/20190627/1/985.html。

⑧ 南阳政法:《保护国有土地守护绿水青山——南阳市检察院提起的华某破坏土地资源民事公益诉讼案件法院当庭判决》,载搜狐网2019年9月7日,https://m.sohu.com/a/339481921_712929。

益诉讼案”[①]等系列土地复垦监管纠纷,不得不通过督促履职、代位追责等土地复垦公益诉讼形式来推动问题解决。

规制作为一种基于既定规则的“公共机构所进行的持续集中的控制”[②]行为和措施,为实现预期规制目标,依循规制活动中“政府干预”[③]强度的逐次递增状况,大致可设定“不规制—自我规制—合作规制—命令控制型规制”的规制策略谱系。在现代行政法的合作治理趋势下,合作监管作为一种互动治理型监管模式,往往强调“由多方主体采用多种手段在监管领域互相作用”[④]。土地复垦监管作为一种土地整治领域中典型公私法因素交互作用的复合行政行为,兼具管理、协作、自治属性,其在命令控制型规制层面彰显的理念模式和自我规制层面蕴含的素质结构要求,与合作监管的价值预设是基本契合的。

有必要依循合作监管在当事人维度的双轨化规制进路,厘清土地复垦合作监管应适用的“可以促进成员彼此互信互助,创造更多实践形式”[⑤]的开放性控制与“参与到决策过程不同阶段利益相关者”[⑥]的衡平化自律之规制策略,进而解析“以共识为导

---

① 韩兵、王鹏程:《公益诉讼进行时|哈尔滨铁检机关针对高铁建设中的环境保护问题开展专项监督》,载中华人民共和国最高人民检察院网,https://www.spp.gov.cn/spp/zdgz/201910/t20191008_433727.shtml。

② [英]科林·斯科特:《规制、治理与法律:前沿问题研究》,安永康译,清华大学出版社2018年版,第3~4页。

③ 夏征农、陈至立主编:《辞海》(第6版),上海辞书出版社2009年版,第785页。

④ 朱宝丽:《合作监管的兴起与法律挑战》,载《政法论丛》2015年第4期。

⑤ Etienne Wenger, Richard Mvdermott, William Snyder, *Cultivating Communities of Practice*, Harvard Business School Press, 2002, p. 99.

⑥ 臧雷振:《国家治理:研究方法与理论建构》,社会科学文献出版社2016年版,第31页。

向"①之主观型式化的行为活动方式命题。最终,在相应监管制度中,从开放性控制理念模式和衡平化自律素质结构要求两个方面,明晰"顺应公共治理需要的合作行政模式"②之土地复垦合作监管行为在命令控制型规制与自我规制层面的规范设定方向。

第一节 合作监管在当事人维度的双轨化规制进路

合作监管旨在承继传统的命令控制型规制和新兴的自我规制,通过双轨化的规制进路来凸显政府、第三部门、公民等多行动当事人的"多中心、多主体、多层次"③监管,进而确立兼具"政策协调和实质监管双重作用的监管框架"④。

一、彰显开放性控制理念模式的命令－控制型规制进路

合作监管的命令－控制型规制进路,强调所涉监管活动需围绕特定规制目标,在系统化、多元化当事人之间实现政府管制权力与个体行动自由的过程化互动。应在确立"规制双方合作行为

---

① 蔡岚:《合作治理:现状和前景》,载《武汉大学学报(哲学社会科学版)》2013年第3期。

② 方世荣、邓佑文等:《"参与式行政"的政府与公众关系》,北京大学出版社2013年版,第55页。

③ 宋华琳:《论政府规制中的合作治理》,载《政治与法律》2016年第8期。

④ 胡恒松:《产融结合监管问题及制度创新研究》,中国经济出版社2016年版,第232页。

规则”[①]的前提下，尝试围绕“功能适当原则”[②]来实现对相应监管职能部门的开放性控制。

监管职能部门的传统“机构建制”[③]进路往往置于“条块管理体制”[④]下，依循既有的主导、协同监管部门架构来配置相应的监管权力，进而根据监管权力配置状况划分相应的监管职能事项。该类进路在我国过往“摸索式”改革建设过程中，发挥了重要的体制保障“稳定器”作用。但在当下方向、路径逐渐明晰的“深水区”改革建设过程中，面对矛盾多变的公私法因素交互作用之复合型公共事务监管，传统进路的条块分割与僵化管理弊端即显露无遗。在全面深化党和国家机构改革的大背景下，应逐步推进传统进路的功能主义化变革。

首先，就系统化控制而言。应依循所涉公共事务的属性与规制特点，来设定具体监管职能事项，并据此推动相关政府职能部门在主导、协同监管部门架构中，促进不同组织形态间的协调配合；进而确立监管权力资源互补共享的系统化动态组织机制。其次，就多元化控制而言。在该类系统化动态组织机制的积极、主动引领下，各类监管职能部门与非政府部门的他项监管力量，应秉持“具有凝聚力和治理方向共识”[⑤]的社会核心价值观念，积极

---

① 袁峰：《合作治理中的协商民主》，载《理论与改革》2012 年第 5 期。

② 张翔：《功能适当原则与宪法解释模式的选择——从美国“禁止咨询意见”原则开始》，载《学习与探索》2007 年第 1 期；张翔：《国家权力配置的功能适当原则——以德国法为中心》，载《比较法研究》2018 年第 3 期。

③ 马英娟：《政府监管机构研究》，北京大学出版社 2007 年版，第 91 页。

④ 王毅：《现行条块管理体制的剖析》，载《西北大学学报（哲学社会科学版）》1989 年第 2 期。

⑤ 张德智：《政府与社会间合作治理的实现途径研究》，载《改革与开放》2018 年第 11 期。

开展着力于职能优化、协同高效的广域监管合作，进而确立有机、整合不同监管力量的多元化可参与制度空间。最后，就过程化控制而言。应在强化解决问题导向下，置于凸显系统化动态组织和多元化可参与的“公共事物治理”①场域中，实现合作监管的各步骤、诸环节全覆盖，进而尝试突破“单线线性关系形态”②，以实现社会联合式阶段性过程化监管干预。

二、蕴含衡平化自律素质结构要求的自我规制进路

合作监管的自我规制进路，强调所涉监管活动需围绕特定规制目标，在各类当事人参与到“实质性反映其利益偏好”③的协商对话、沟通理解之监管决策活动时，对其提出相应的素质结构要求，以提升当事人的参与监管水平。应从利益协调与服务整合两方面，来推动实现监管当事人素质结构的衡平化自律。

合作监管模式下基于当事人之间的彼此信任感和认同度，所形成的有机、有序网状交往结构，往往会面临“合作资源、合作成本与合法性权威”④方面的合作困境。由于各类当事人的物质、精神利益需求在不同类型、面向与量级方面皆存在较大差异，实现利益协调所面临的均等化压力与协调成本随之而倍增，应有的合法性权威亦伴随差异化利益的交集乃至冲突而趋于淡化。因而，有必要推动监管当事人在利益素质结构面向的有效自我协调。应尝试厘清各类当事人所期得的物质、精神利益属性以及既

---

① ［美］埃莉诺·奥斯特罗姆：《公共事物的治理之道——集体行动制度的演进》，余逊达、陈旭东译，上海三联书店2000年版。

② 张康之：《论参与治理、社会自治与合作治理》，载《行政论坛》2008年第6期。

③ 蔡岚：《合作治理：现状和前景》，载《武汉大学学报（哲学社会科学版）》2013年第3期。

④ 胡宜：《解读合作困境的四个维度》，载《开放时代》2004年第2期。

有的利益配置状况，并凸显所涉利益在“权利射程范围”[①]内的互补性合作。在有效识别不同利益的合法性依据与相应规范结构的前提下，设定必要的利益联结点，来推动明晰利益协调过程中的协调范围、协调方式与协调步骤等事项，以充分发挥合作监管过程中的协商决断效应。

合作监管模式下，各类当事人参与互动治理，达致理想的公共服务供给。应在“修正自身行为，以遵从法律要求，并最终实现预期目标”[②]之规制目的指引下，围绕所涉公共服务的“固有属性与价值属性”[③]，通过对监管行为的内外结合之双向干预，推动监管当事人在服务素质结构面向实现有效的自我整合。首先，应基于各类监管职能部门的不同监管权力属性与主要职责事项范围，通过权责清单，逐项列明其实现制定、执行、运营、供给之全程干预所涉职责权限与相应的内部监督救济规程，以强化必要的权责意识进而提供实现服务整合的内化要件。在凸显监管职能部门完成所涉公共事务充分干预的前提下，应基于确保监管实效的目的性考量，通过推进其他监管当事人积极检视、反馈各类干预信息之互动式协商，来提供实现服务整合的外化要件。

---

① 张先贵：《中国语境下土地发展权内容之法理释明——立足于“新型权利”背景下的深思》，载《法律科学（西北政法大学学报）》2019年第1期。

② ［英］罗伯特·鲍德温、［英］马丁·凯夫等编：《牛津规制手册》，宋华琳、李鸻等译，上海三联书店2017年版，第95页。

③ 张锐昕、董丽：《公共服务质量：特质属性和评估策略》，载《北京行政学院学报》2014年第6期。

第二节 土地复垦合作监管的命令控制型规制策略

探究土地复垦合作监管的命令控制型规制策略，旨在厘清该类监管行为在命令控制型规制层面彰显的理念模式，以及相应的制度规范设定方向。土地复垦合作监管行为在该类规制层面彰显的具有一定理想性与主观抽象性特征的“道德境界”①之理念模式，旨在实现该类行政行为的目的，“足以控制适应性规则制定的客观性和权威性”②，其往往表征为意图实现公共服务型政府转向的系统化、多元化与过程化治理。

一、土地复垦合作监管的系统化控制策略

土地复垦合作监管彰显的系统化控制理念模式，作为系统化治理观在土地复垦监管制度中的一种具体规制策略表达，往往指向推进不同组织形态间协调配合以实现权力资源互补共享的动态组织系统，其旨在通过相应监管职能部门基于责任共担理念所明确的鼓励协商式协同监管事项，来凸显监管职能部门内部的行政行为形式选择自由。

《实施办法》第 3 条之“应当加强协同配合和行业指导监督”规定所表征的动态组织系统法律规范，虽然在一定程度上落实了

---

① 罗国杰:《论道德境界》，载《哲学研究》1981 年第 3 期。

② [美]诺内特、[美]塞尔兹尼克:《转变中的法律与社会:迈向回应型法》，张志铭译，中国政法大学出版社 1994 年版，第 86 页。

“国土搭台、部门协同、上下联动工作机制”①的基本要求，但是并未就所涉不同组织形态的土地复垦监管主体，基于“参与意愿、投入热情以及责任感”②之集体一致行动予以清晰、具体的行为规范指引。务虚式规定与模糊化表达，往往会让相应监管过程中的协商决策、会同配合事项更多地流于形式，选择性空间有余，但基于多样化选择后的决断则难以达成。理想状态下复合型监管主体“面对复杂多变环境的治理能力”③非但未能借此而提升，应有的预设监管权威或许在条块分割之含混“跨部门处置相互龃龉格局”④下沦为空谈。

不妨设定彰显“调和部门自主性与相互依赖属性”⑤的选择性组织系统规范，并通过“土地复垦监管联席会议”⑥等形式，来明晰各类监管部门在土地复垦不同环节具体执行事项所涵摄的组织要素，以厘清所涉土地复垦监管行为的选择性动态组织系统规制策略。在该类组织系统中，应根据所涉相关职能部门的不同“法律形式、组织区分和实质原则”⑦定位，通过各自监管信息通

---

① 《国土资源部　国家发展和改革委员会关于印发〈全国土地整治规划(2016—2020 年)〉的通知》，载中国土地学会网，http://www.clss.org.cn/xwdt/201703/t20170301_1441285.htm。

② 党秀云：《论合作治理中的政府能力要求及提升路径》，载《中国行政管理》2017 年第 4 期。

③ 操小娟：《合作治理的法律困境和出路》，载《武汉大学学报(哲学社会科学版)》2008 年第 2 期。

④ 刘锦：《地方政府跨部门协同治理机制建构——以 A 市发改、国土和规划部门“三规合一”工作为例》，载《中国行政管理》2017 年第 10 期。

⑤ 杨志云、殷培红等：《政府部门职责分工及交叉的公众感知：基于环境管理领域的分析》，载《中国行政管理》2015 年第 6 期。

⑥ 赵谦：《机构建制与治理：土地复垦监管组织条款的规范分析》，载《东方法学》2018 年第 5 期。

⑦ 王旭：《重大传染病危机应对的行政组织法调控》，载《法学》2020 年第 3 期。

报共享、资料会评、非现场监管、一体化审批、联合执法现场协商等干预方式，来有目的性地、选择性地凸显不同部门在组织结构、人员配备、职权事项以及行权程序等方面的具体优势。

基于此，应在土地复垦的不同阶段环节设置差异化的交流协商规程，以重点推进相关疑难个案的协同处置。在土地复垦标准、规划、方案的前置性环节中，所涉草案在拟定、论证方面容易出现技术标准冲突与关联性规划、方案衔接问题，应以信息通报共享、资料会评作为主要的干预方式选择。在土地复垦年报、信息监测的羁束性过程环节中，所涉报表编制与信息传递的客观技术性、标准化要求较高，应以资料会评、非现场监管作为主要的干预方式选择。在土地复垦资金管理、实施、验收、效益评价的裁量性过程环节中，所涉经费使用、工程运营、验收评价的主观决断性要求较高，应以一体化审批、联合执法现场协商作为主要的干预方式选择。

二、土地复垦合作监管的多元化控制策略

土地复垦合作监管彰显的多元化控制理念模式，作为多元化治理观在土地复垦监管制度中的一种具体规制策略表达，往往指向将他项监管力量引入监管过程，并实现两者间有机整合的多元化可参与制度空间，其旨在通过相应监管职能部门基于多中心治理理念所明确的协商合作式公众参与事项，来凸显监管职能部门外部的行政行为形式选择自由。

《条例》第5条和《实施办法》第3条，皆依循传统的“对政治机构负责的单线的线性关系形态”①，而大体确立了以“负责土地复垦监督管理工作”的自然资源（国土资源）行政部门为主导之

① 张康之：《论参与治理、社会自治与合作治理》，载《行政论坛》2008年第6期。

一元复合型土地复垦监管体制。《实施办法》第45条之“在门户网站上及时向社会公开重大事项”规定所表征的可参与制度空间规范，仅仅只是为所涉土地复垦行为人、土地复垦权利人、“有关专家”代表的其他土地复垦监管当事人参与监管行为选择乃至行为决断提供了一种可能，并未根本性地改变该体制作为一种命令服从式单向度权力规制架构的本质属性，更毋庸说为该类相对人实现充分参与选择而提供成就“多中心公共行动体系”①下的必要行为环节、形式规范指引了。

在土地复垦检查验收、信息报备、行政审批、资金监管、行政处罚诸类行为环节，明晰所涉参与组织形态、技术手段、权益保障和参与实效事项，以厘清所涉土地复垦监管行为的选择性可参与制度空间规制策略。

首先，对话式参与应设置于资金监管、行政处罚行为环节，旨在凸显所涉监管信息的传递与反馈，其对监管决策的作出不构成影响，更多地影响到监管决策的执行绩效。该类参与应以相关土地复垦权利人的个人参与为主、以组织化参与为辅，旨在确保权利人的真实意愿表达与完整信息笔录，更为强调实现参与相关技术手段的便捷性与操作友好度，且设置一定的鼓励性、物质象征式参与回馈。基于此，应将相关土地复垦权利人的知悉与否意见，设定为成就所涉监管行为的程序性参考要件。

其次，实用主义式参与，应设置于信息报备、行政审批行为环节，旨在凸显所涉监管信息的专业化评判；其对监管决策的作出构成辅助性影响，直接影响到监管决策执行的可行性。该类参与

① 张润君：《合作治理与新农村公共事业管理创新》，载《中国行政管理》2017年第1期。

应以“有关专家”的组织化参与为主、以个人参与为辅，旨在确保“有关专家”实现科学评判的组织化支持与基础数据材料供给；更为强调实现参与相关技术手段的专业性与运行稳定性，且设置相应的薪酬性、物质激励式参与回馈。基于此，应将“有关专家”的同意执行与否意见，设定为成就所涉监管行为的实体性辅助要件。

最后，内生式参与应设置于检查验收行为环节，旨在凸显所涉监管信息的整全性结构，其直接影响监管决策作出的完整性，是最具羁束性与实效的参与行为，亦为既有规范所明确设定。该类参与，应以相关土地复垦权利人和“有关专家”的组织化参与为主、以个人参与为辅，旨在确保相关土地复垦权利人和“有关专家”实现独立评判的客观公正环境依托；更为强调实现参与相关技术手段的公开性与透明性，且设置相应的补贴性、物质保障式参与回馈。基于此，应将相关土地复垦权利人和“有关专家”的符合项目预期与否意见，设定为成就所涉监管行为的结论性支撑要件。

三、土地复垦合作监管的过程化控制策略

土地复垦合作监管彰显的过程化控制理念模式，作为过程化治理观在土地复垦监管制度中的一种具体规制策略表达，往往指向既有模式规范所设定的土地复垦工程建设周期诸环节监管。应基于体系思维下的社会联合式社会控制理念，来确立切实缓解“行政资源不足、传统监管失灵”①等现实监管困境的阶段性过程

---

① 朱宝丽：《合作监管的兴起与法律挑战》，载《政法论丛》2015年第4期。

监管规范,以达致“土地复垦成为生态文明建设的重要措施和内容”①之监管实效。

虽然《条例》第 14 条和《实施办法》第 9 条分别确立了适用于“生产建设周期长、需要分阶段实施”的土地复垦项目之“统一规划、统筹实施”与“阶段土地复垦计划、年度实施计划”所表征的阶段性过程监管原则,也厘清了土地复垦项目运营实施环节监管所涉“目标任务、位置、主要措施、投资概算、工程规划设计、费用安排、工程实施进度和完成期限”等客体事项范围,但未能就其他土地复垦标准、规划、方案、年报、信息监测、资金管理、实施、验收、效益评价环节监管的客体事项范围予以延伸规定。则有必要厘清各环节监管所涉管理、协作、自治行为的权力与责任、权利与义务之相应内容事项。基于此,凸显实效的阶段性过程监管规范还应更多地指向在土地复垦前、中、后各个阶段确立的相应监管职能部门分享治理理念和行政监管运作体制,特别是有必要在“横向协商式协同理念、相对人有效监督监管过程理念、双向内部制裁权威理念”②的分别指引下,来具体确立相应监管职能部门的部门协同、职权互动与内部制裁规范。

首先,《条例》第 22 条之“编制土地复垦专项规划”、第 24 条之“确定年度复垦项目”等规定,均凸显了规划项目式的事前预防性部门协同监管。但所指向的监管主体仅限于自然资源(国土资源)行政部门,改革、规划、财政等相关行政部门的监管资源因既有的条块分割与僵化管理痼疾并未充分调动。则有必要通过

---

① 周妍、白中科等:《中国土地复垦监管体系问题与对策》,载《中国土地科学》2014 年第 2 期。

② 赵谦:《机构建制与治理:土地复垦监管组织条款的规范分析》,载《东方法学》2018 年第 5 期。

“成立领导小组协调各部门统一行动、联合执法”①等方式，来尝试确立各主导、协同监管部门在该类预防性事项上的“资源共享、优势互补、无缝联动”②之合作监管格局。

其次，《条例》第 28 条之“会同同级农业、林业、环境保护等有关部门进行验收”、第 31 条之“对土地复垦效果进行跟踪评价”以及《实施办法》第 34 条之“分级验收”、第 44 条之“采取年度检查、专项核查、例行稽查、在线监管”等规定，均凸显了针对责任行为之多主体全方位的事中评测性职权互动监管。但所涉监管措施与监管方式往往局限于原则性确立层面，应基于法律规范可操作化导向，来明晰设定更为具体的验收标准、验收规程、跟踪评价指标、评价技术手段，以及检查、核查、稽查、在线监管的不同事项范围、组织形式、措施方法与操作规程，并将其指标化地附表列明于相关低位阶实施性规范性文件之中。

最后，《条例》第 36 条、《实施办法》第 49 条皆就土地复垦监管人员的“徇私舞弊、滥用职权、玩忽职守”行为予以较为完备的列举式规定，而确立了在监管行为过程中针对责任人的事后持续性内部制裁监管。虽然相关规范较为系统地设定了责任共担体系下的责任主体、责任形式与归责行为等事项，但若上升至“组织规定典型的建构形式之组织法的框架性格”③所表征之监管机构层面，以实现对所涉土地复垦监管机构的组织合理性检验，则需进一步充实相应的监管人员任职资格、在职培训之保障规范和

---

① 金国坤：《行政协作法律机制研究》，载《河北法学》2008 年第 1 期。

② 张开云、叶浣儿等：《多元联动治理：逻辑、困境及其消解》，载《中国行政管理》2017 年第 6 期。

③ ［德］施密特·阿斯曼：《秩序理念下的行政法体系建构》，林明锵等译，北京大学出版社 2012 年版，第 240 页。

"完成客观式量化评判的框架性制裁"①规范。

第三节　土地复垦合作监管的自我规制策略

探究土地复垦合作监管的自我规制策略，旨在厘清该类监管行为在自我规制层面蕴含的素质结构要求以及相应的制度规范设定方向。土地复垦合作监管行为在该类规制层面蕴含的素质结构要求，旨在提升参与到决策过程不同阶段的相应监管主体、责任主体和权利人表征之各类监管当事人在监管过程中的效率化、效益化水平。可尝试从利益协调与服务整合两方面来明晰对土地复垦监管当事人的素质结构要求，以促进相关当事人参与监管水平的必要提升而实现该类治理活动应有的效益回馈。

一、土地复垦合作监管的利益协调策略

土地复垦合作监管蕴含的利益协调素质结构要求，作为利益协调观在土地复垦监管制度中的一种具体规制策略表达，往往指向既有素质规范设定之"功利境界"②中的利益表达与反馈，以推动土地复垦实践活动"给予社会利益待遇"③过程中的规模效益最大化、相关权利人收益可持续化；既应包括表征为客观实在利益冲突、沟通与妥协的物质利益协调，也应包括彰显公共利益取

① 赵谦：《机构建制与治理：土地复垦监管组织条款的规范分析》，载《东方法学》2018 年第 5 期。

② 方杲、刘力贺：《在功利境界与道德境界之间的觉悟错位——现代道德困境的原因探析》，载《社会科学家》2012 年第 7 期。

③ 肖新喜：《论社会权请求权》，载《江海学刊》2020 年第 1 期。

向和“公共行政的公共精神”[①]之精神利益协调。

一方面，就物质利益协调而言。《条例》第23条之“谁投资谁受益”与“采取扶持、优惠措施”、第26条之“公开招标”与“依法自行确定”、第32条之“退还耕地占用税”、第33条之“复垦后土地使用和收益分配”、第34条之“给予补贴”规定，以及《实施办法》第41条之“退还耕地占用税”、第42条与第43条之“补充耕地指标”和“交给农民集体使用”规定，皆基于社会效益最大化原则，较为全面地列明了土地复垦“受益、扶持、优惠、补贴、退税、指标、使用”等实体性物质利益事项与“招标、自行确定”等程序性物质利益达致途径，从而在一定程度上完成了必要的物质利益表达设定。虽然相关规范通过该类“利益补救权能”[②]下的物质利益表达设定，来尝试达致土地复垦合作监管进程中的各方利益平衡，以促进土地复垦监管共同体三方成员在共同获益背景下实现利益最大化，但在主体利益配置上，更多地偏向对土地复垦义务人和其他土地复垦行为人乃至土地复垦权利人的积极性调动，较为忽略土地复垦监管主体的必要利益表达。

在合作监管进程中，针对监管主体除了设定传统的被动责任控制型监管利益联结外，还应适当凸显“补充耕地指标”设定所表征的主动“参与性、非强制性和不断试错性”[③]之“内部行政激励”[④]利益联结。所涉利益联结点皆应围绕凸显“一致性、连续性

① 张成福：《论公共行政的“公共精神”——兼对主流公共行政理论及其实践的反思》，载《中国行政管理》1995年第5期。

② 韩松：《农民集体土地所有权的权能》，载《法学研究》2014年第6期。

③ 马英娟：《监管与经济激励：中国行政法学面临的新课题》，载《中国社会科学院研究生院学报》2007年第2期。

④ 罗豪才、宋功德：《现代行政法学与制约、激励机制》，载《中国法学》2000年第3期。

和确定性”[①]之利益秩序观而展开具体设定。《条例》第1条和《实施办法》第2条确立的“社会、经济、生态”效益原则，即奠定了该类利益秩序观的基准面向。应将损毁土地资源价值所表征的经济利益设定为初阶利益目标，是否实现所涉土地的资源价值市场化提升即为免于惩罚性责任追究的合格要件。应将损毁土地利用结构所表征的社会利益设定为进阶利益目标，是否因地制宜地实现所涉土地的利用结构优化即为进一步获得相关税费返还、保障性补贴或资格审批的合格要件。应将损毁土地生态功能所表征的生态利益设定为终阶利益目标，是否改善所涉土地的生态功能乃至提升相关生态系统的质量与稳定性即为更进一步获得相关激励性资助或指标投放的合格要件。

此外，还应基于“利益调和与持续联合行动”[②]要义，完成必要的物质利益反馈设定。在利益事项达致规程所表征的利益反馈方面，除去“补贴、退税、指标”与“招标”规定具备一定的细化意义法律可操作性外，其他规定皆较为笼统。“受益”所涉利益类型与范围，“扶持、优惠”所涉物质性、资金性乃至政策性措施的具体类型，“复垦后土地使用”的用途管制事项，以及“自行确定”的参照标准与规范依据，皆有待厘清。特别是各方主体在该类实体性物质利益事项设定与程序性物质利益达致过程中，相应的利益配置、衡平程序以及惩戒救济规程事项，还需通过更进一步的实施细则具体设定，或通过联结到既有相关规定的指引式非确定性行为规范予以明确。

---

① [美]E. 博登海默：《法理学：法律哲学与法律方法》，邓正来译，中国政法大学出版社2004年版，第227～228页。

② 俞可平：《全球化：全球治理》，社会科学文献出版社2003年版，第5～6页。

另一方面，就精神利益协调而言。所涉精神利益表达设定往往与凸显“公用目的性”[①]的公益目标有关。虽然《条例》第1条和《实施办法》第2条皆就土地复垦的公益目标取向予以“社会利益”之原则性规定，但因“社会利益”本身的泛化内涵表达，而使其应有的公益目标取向趋于模糊。则应围绕损毁土地利用这一公益范畴逻辑前提，就需涵摄的优化利用格局、提升资源价值、改善生态系统功能之具体目标事项，基于“利益一致性”[②]考量，从社会公益的宗旨属性、最低限度表达和协调措施方面予以细化列明。应依循《条例》第4条之“节约集约利用土地”规定，而将国土资源属性乃至自然资源属性列明为所涉社会公益的宗旨属性范围；应依循《条例》第16条之“避免污染”规定，而将该类消极防御式规范结构设置为实现所涉社会公益最低限度表达的基准规范类型；应依循《条例》第31条和《实施办法》第24条、第27条之“评价、预防控制”规定，而凸显前置性预防措施与持续性评价措施在所涉社会公益协调措施中的优位性。

此外，《条例》第9条虽然通过“给予表彰”规定确立了颇具可操作性之各类土地复垦行为人的精神利益达致途径，但更多地是置于监管主体预设权威前提下，对责任主体和权利人表征之相对人的奖励赋权行为，必要的精神利益反馈设定则是缺失的。合作监管进程中应凸显的横向互惠、合作之监管主体精神利益反馈机制应予以补正，而将各类土地复垦行为人对监管主体的肯定性评价和建设性意见反馈纳入监管绩效考评的指标事项范围。纳

① 张莉：《法国土地征收公益性审查机制及其对中国的启示》，载《行政法学研究》2009年第1期。

② 宋永寿：《从管理、控权到服务与合作——我国行政法发展的历程与方向》，载《现代法学》2000年第6期。

入考评指标范围的评价和意见应有一定的羁束性要求,不符合要求的评价和意见应作为无效精神利益反馈而不予考量。该类羁束性要求既应针对监管主体的核心干预事项而展开,也应围绕各类土地复垦行为人形成精神利益认知共识的联结点事项来设定。前者所涉评价和意见应主要与下列事项有关:监管主体根据毁损土地的故意或过失程度实施的差异化干预;监管主体基于土地毁损的实际结果与相应恢复成本实施的针对性干预;监管主体预设所涉土地未来发展面向的目标性干预。后者所涉评价和意见应主要与下列事项有关:复垦工程项目的公益属性评判;相关监管当事人的沟通协商情况评判;相应复垦权利人类型化利益的影响程度评判。

二、土地复垦合作监管的服务整合策略

土地复垦合作监管蕴含的服务整合素质结构要求,作为服务整合观在土地复垦监管制度中的一种具体规制策略表达,往往指向既有素质规范设定的"精神境界"[①],旨在凸显作为监管主体之土地复垦监管当事人的权责内化与协商外化,以尝试"向公民本位、社会本位、权利本位回归"[②],而主动、开放地成就多中心协同治理行为所需素质结构样态。

一方面,就权责内化而言。其规范依据往往指向相应监管职能部门所明确的具象化权责清单事项。《条例》第5条、第8条和《实施办法》第3条皆就自然资源(国土资源)行政部门作为主导监管部门的职权范围予以概括性授权规定。《实施办法》第29条

① 杨振绪:《论精神境界》,载《学术论坛》2008年第7期。

② 刘熙瑞、段龙飞:《服务型政府:本质及其理论基础》,载《国家行政学院学报》2004年第5期。

之“复核”“裁定”规定分别确立了主导监管部门的自我审查原则与上下级纵向审查原则，第36条之“异议核查”规定则确立了主导、协同监管部门的同级横向审查原则，就监管主体的内部监督救济事项予以类型化原则性规定。《条例》第36条就直接负责的“主管和其他”监管人员应承担行政或刑事责任的归责事项予以列举式规定，《实施办法》第49条则予以更进一步的补充性阐明。虽然上述规定尝试确立了“职权事项—审查监督—责任追究”之前、中、后诸环节的过程化权责规范依据，但前两个环节相关规定的概括性与原则性特点，使其应有的羁束性指引不够明晰，不足以系统强化相应监管职能部门的权责意识。

应就各类主导、协同监管部门的“职权目录、实施主体、法律依据、运行流程”[①]等职权清单事项予以列明。所涉复垦“法规、规章、政策措施、规划、技术规程和标准”[②]的宏观监管决策职权，应由作为主导监管部门的自然资源（国土资源）行政部门行使，具体由其内设的国土空间生态修复机构牵头负责；所涉复垦项目“计划编制、审批立项、实施管理、验收、资金使用”[③]的微观监管执行职权，应基于自然资源（国土资源）行政部门的明确授权，由作为该部门直属事业单位之凸显专业性和技术性的土地整治机构具体行使。作为协同监管部门的其他相关职能部门，则根据其主要职责定位厘清各自的监管职权事项，以分别参与土地复垦各环节的相应微观监管执行活动。基于此，具体设定相应的“议案汇总—议案酝酿—研究决议—决议颁布”之监管决策运行流程，

---

① 赵谦：《机构建制与治理：土地复垦监管组织条款的规范分析》，载《东方法学》2018年第5期。

② 赵谦：《依法规范土地整理监管》，载《人民日报》2014年10月14日，第7版。

③ 赵谦：《依法规范土地整理监管》，载《人民日报》2014年10月14日，第7版。

以及“初审立案—取证核查—处置通告—处置审批—处置履行”之监管执行运行流程。

此外，还应厘清内部监督救济之自我审查、纵向审查和横向审查所分别对应的具体环节规程，以凸显所涉权责意识的可操作性规范指引。“复核”表征的自我审查，应为复垦义务人发起，由作出原决定的自然资源（国土资源）职能部门具体实施，审查期限为30日，参照适用行政复议程序与决定形式；“裁定”表征的纵向审查，应为复垦义务人发起，由上级自然资源（国土资源）职能部门具体实施，审查期限、程序与决定形式皆具体适用行政复议相关规定；“异议核查”表征的横向审查，应为复垦权利人发起，由作出原决定的自然资源（国土资源）职能部门和同级其他相关职能部门具体实施，审查期限为15日，参照适用行政复议的程序与决定形式。

另一方面，就协商外化而言。其规范依据往往指向相应监管职能部门基于“反馈与网络结构”[①]理念所明确的沟通协调事项。既有沟通协调规定蕴含的协商意识主要是一种单向度干预式协商意识，往往表征为各类责任主体“应当”之义务性信息反馈所触发的相应监管职能部门履职性协调。其一，《条例》第8条之“提供必要的资料”规定和《实施办法》第44条之“提供相关的文件、资料和电子数据”“做出说明”规定，触发的“监督检查”协调；其二，《条例》第13条、《实施办法》第6条之“报送复垦方案”规定和《实施办法》第38条之提供“复垦项目验收合格确认书或者复垦费缴费凭据”规定，触发的“申请许可”协调；其三，《条例》第

① ［德］施密特·阿斯曼：《秩序理念下的行政法体系建构》，林明锵等译，北京大学出版社2012年版，第228页。

17 条、《实施办法》第 22 条之年度报告规定，触发的“费用工程监督”协调；其四，《条例》第 25 条之“复垦项目设计书”报送审查规定和《实施办法》第 15 条之“复垦方案和复垦规划设计”报送备案规定，触发的“项目工程实施”协调。

基于此，“欢迎批评”式沟通协调事项还应凸显一种多向度的互动式协商意识，其往往表征为在监管主体主导下或者提供必要组织措施前提下，权利人、相关专业技术人员以及其他监管当事人的积极主动性信息反馈所触发的相应监管职能部门回应型协调。《条例》第 28 条、《实施办法》第 36 条之“听取权利人意见”规定，《实施办法》第 10 条之“组织专家论证”规定，《实施办法》第 45 条之“重大事项网站公开”规定，仅仅就该类回应型协调事项方向性有所涉及。

需通过旨在培育“主体意识、权利意识”[①]之主动“回应各种社会需求和愿望”[②]的信息反馈机制设定，确立必要的“利益相关人双向沟通与协商对话”[③]制度平台，以列明并固化监管当事人的积极信息反馈途径，从而推进所涉互动式协商意识的针对性强化。应基于提升其他监管当事人对监管职能部门的认同度和避免其接收“信息过载”[④]的双重考量，就监管职能部门发布的信息予以适当区分。各类监管结果概览信息与全体监管当事人的利益关联普适性较强，应设定为基准信息且必须全面发布；各类监

① 张文显：《中国步入法治社会的必由之路》，载《中国社会科学》1989 年第 2 期。

② [美]诺内特、[美]塞尔兹尼克：《转变中的法律与社会：迈向回应型法》，张志铭译，中国政法大学出版社 1994 年版，第 16 页。

③ 蔡定剑：《中国公众参与的问题与前景》，载《民主与科学》2010 年第 5 期。

④ 蔺丰奇、刘益：《信息过载问题研究述评》，载《情报理论与实践》2007 年第 5 期。

管过程阐明信息与特定监管当事人的利益关联性更为紧密但普适性较差，则应设定为可选信息并根据当事人订阅情况定向发布。完成差异化信息发布后，还需设定凸显操作便捷性的多样化信息知悉确认、信息评价意见反馈渠道，并列明必要的反馈信息汇总与回应规程。

小　结

合作监管在当事人维度的命令控制型规制策略和自我规制策略分别彰显，蕴含了相应的理念模式与素质结构要求，可依循该进路来解析所涉主观型式化的行为活动方式命题。土地复垦监管与合作监管的价值预设是基本契合的，经过在该类合作监管领域中行为活动方式之行政行为理论发展任务命题的具象化，可以明晰主观型式化行政行为活动方式在行为理念模式和素质结构要求两个方面的诠释面向。一方面，诠释土地复垦合作监管行为的开放性控制理念模式，应围绕所涉模式规范，尝试解析鼓励协商式协同监管所表征的系统化控制策略、协商合作式公众参与所表征的多元化控制策略和阶段性过程监管所表征的过程化控制策略。另一方面，诠释土地复垦合作监管行为的衡平化自律素质结构要求，应围绕所涉素质规范，尝试解析所涉监管当事人的利益表达与反馈所表征的利益协调策略，以及权责内化与协商外化所表征的服务整合策略。进而在一定程度上明晰土地复垦合作监管行为在命令控制型规制与自我规制层面的规范设定方向，有必要基于此尝试构建一种双轨化规制策略指引下的互动治理型土地复垦监管行为规范。

第五章　土地复垦监管的行为体系论

近年来，伴随《条例》和《实施办法》的颁布、实施，我国逐步确立了单向度“命令控制型规制”①式土地复垦监管体系，但在“权责划分”②“共同责任机制”③“监管组织条款”④等方面仍存在不少规范设定瑕疵。探究“糅合公共因素与私法因素”⑤之土地复垦合作监管的

---

① ［英］罗伯特·鲍德温、［英］马丁·凯夫等编：《牛津规制手册》，宋华琳、李鸻等译，上海三联书店2017年版，第163页。

② 贺振伟、白中科等：《中国土地复垦监管现状与阶段性特征》，载《中国土地科学》2012年第7期。

③ 国土资源部土地整治中心：《土地整治蓝皮书：中国土地整治发展研究报告（No.1）》，社会科学文献出版社2014年版，第114页。

④ 赵谦：《机构建制与治理：土地复垦监管组织条款的规范分析》，载《东方法学》2018年第5期。

⑤ ［德］哈贝马斯：《公共领域的结构转型》，曹卫东、王晓钰等译，学林出版社1999年版，第179页。

规范命题，旨在于兼具管理、协作、自治规范属性的土地复垦监管行为规范样本中，检视“行为内部体系严密化”①的行政行为法理论所涉行为素质、行为协同与行为互动命题。可尝试以行为当事人“依赖于合作完成与独立于合作完成”②而达致社会效益最大化所涉能力要素、对口协商和信息公开3个关键问题为突破口，来解析实现“规范标准依法制定、执行和发展”③之客观严密化的行为内部体系要义。进而在相关制度层面，尝试证成土地复垦监管行为与合作治理之素质、协同与互动要义的契合性，并于该范式指引下探究所涉规范设定瑕疵的完善面向。

第一节 提升土地复垦责任主体和权利人参与监管的能力要素

探究土地复垦合作监管的行为素质命题，旨在厘清该类监管行为在素质结构方面的制度规范设定要旨。土地复垦合作监管行为所涉素质结构事项，旨在提升“参与到决策过程不同阶段”④的监管当事人在参与土地复垦合作监管过程中的“效率化、效益

① 章志远：《当代中国行政行为法理论发展的新任务》，载《学习与探索》2018年第2期。

② ［英］Stephen P. Osborne：《新公共治理？——公共治理理论和实践方面的新观点》，包国宪、赵晓军等译，科学出版社2016年版，第155页。

③ 马英娟：《政府监管机构研究》，北京大学出版社2007年版，第32页。

④ 臧雷振：《国家治理：研究方法与理论建构》，社会科学文献出版社2016年版，第31页。

化"[①]水平，以促进相关当事人"具备一定担当的治理能力"[②]而实现该类治理活动应有的"效益回馈"[③]。其主要存续于作为行政相对人之土地复垦责任主体和权利人层面，旨在积极提升该类当事人在认知能力与评价能力之"实践精神"[④]维度中参与土地复垦监管活动的诸项"能力要素"[⑤]，而科学、高效地成就"参与型行政"[⑥]的素质结构样态。

一、土地复垦责任主体的认知能力要素

土地复垦责任主体的认知能力要素，往往指向既有行为规范设定的相应土地复垦义务人及其他土地复垦行为人等责任主体，基于"公共利益衡量"[⑦]所明确之"判断和选择"[⑧]事项。

（一）尝试引导相应责任主体建构一定的理性判断

例如，《条例》第 11 条之义务人"按照标准和规定编制方案"规定、第 16 条之义务人"建立土地复垦质量控制制度"规定和第 19 条之义务人"支付损失补偿费"规定，即是基于"自我中心

---

① 赵谦、陈祥：《服务型、标准化及复合化：英国污染土地复垦立法的启示》，载《华中农业大学学报（社会科学版）》2018 年第 4 期。

② 胡厚翠、顾丽梅：《合作治理研究的文献解读》，载《中共福建省委党校学报》2017 年第 2 期。

③ 赵谦：《互助与自足：土地复垦监管的共同体关系及功能》，载《暨南学报（哲学社会科学版）》2017 年第 8 期。

④ 符坚：《"实践精神"内涵探析》，载《学术研究》1996 年第 8 期。

⑤ 漆国生：《公共服务中的公众参与能力探析》，载《中国行政管理》2010 年第 3 期。

⑥ 杨建顺：《论行政评价机制与参与型行政》，载《北方法学》2007 年第 1 期。

⑦ 王敬波：《政府信息公开中的公共利益衡量》，载《中国社会科学》2014 年第 9 期。

⑧ 张文显：《法哲学范畴研究》（修订版），中国政法大学出版社 2001 年版，第 78 页。

化”[①]立场,通过“民主权威化”[②]的传统进路来确保所涉编制方案、质量控制和损失补偿的“体系性统一”[③]。但该类行为规范更多地只是一种概括性的“治理目标和行动方向”[④]设定,未能明晰主动补偿的事由、“实际损失”的补偿标准等“裁量基准点”[⑤]规范,而难以推进相关复垦义务人基于“法律理性化”[⑥]之理性判断,对所涉“标准”“规定”“制度”实现充分认知与严谨依循。

基于此,可尝试依循“具体化裁量基准观”[⑦]思维,对主动补偿的事由予以界分;将“遭受损失”设定为补偿的基准事由,将所涉工程项目的公益属性、土地毁损行为的故意或过失程度、是否与相关监管当事人展开有效沟通协商、对相应复垦权利人的影响程度等因素设定为加重或减轻补偿的裁量事由。进而依循“公平市场价值标准”[⑧],根据复垦义务人的实际毁损致害结果与土地恢复利用成本,展开“实际损失”的效果梯次化评估。立足于长期影响观测方法和技术要求,凸显毁损致害评估的过程性与恢复利用评估的渐进性,将所涉土地的发展面向、所涉复垦权利人的

---

① 龚奎洪:《自我中心化思维探源》,载《浙江学刊》1993 年第 6 期。

② 高民政、刘胜题:《民主权威化与权威民主化》,载《南京社会科学》2001 年第 5 期。

③ 张翔:《刑法体系的合宪性调控——以“李斯特鸿沟”为视角》,载《法学研究》2016 年第 4 期。

④ 孙柏瑛:《全球化时代的地方治理:构建公民参与和自主管理的制度平台》,载《教学与研究》2003 年第 11 期。

⑤ 周佑勇:《裁量基准的技术构造》,载《中外法学》2014 年第 5 期。

⑥ [德]韦伯:《法律社会学》,康乐、简惠美译,广西师范大学出版社 2005 年版,第 319 页。

⑦ 周佑勇:《裁量基准的制度定位——以行政自制为视角》,载《法学家》2011 年第 4 期。

⑧ 宋志红:《美国征收补偿的公平市场价值标准及对我国的启示》,载《法学家》2014 年第 6 期。

现实利益与期得利益皆纳入效果评估考量范围。

此外，还应从推动相关复垦义务人实现“理性化”[①]判断的角度出发，进一步列明所涉“标准”“规定”“制度”，以提升相应“技术标准化合作网络的运作效率”[②]。将既有的《土地复垦方案编制规程》（TD/T 1031.1－2011）、《土地复垦质量控制标准》（TD/T 1036－2013）等土地复垦内部控制技术标准与相应的《环境监测信息传输技术规定》（HJ 660－2013）等国家环境保护标准，以及自然资源（国土资源）行政部门的相关行业管理规范性文件，皆以附录形式纳入《实施办法》中予以表列。并辅以必要的标准、文件简明化释义单行读本，从所涉价值目标设定到规范事项表达皆予以系统化、可操作化的实施性解读，而尝试降低该类“标准”“规定”“制度”的认知难度，并积极改善其面向“权力行使有关一切信息”[③]的依循指南效应。

（二）尝试确立相应责任主体的必要行为选择指引

例如，《实施办法》第10条之专家“主动要求回避”规定、第13条之义务人“对方案进行修改”规定和第24条之义务人“采取预防控制措施”规定，即是通过必要的“规范话语表达结构”[④]设定，来指引相关复垦义务人、行为人基于所涉利害关系、内容变化、遵循原则实现必要的行为选择。但该类行为规范更多地只是

---

① 黄金荣：《法的形式理性论——以法之确定性问题为中心》，载《比较法研究》2000年第3期。

② 田博文、田志龙：《网络视角下标准制定组织多元主体互动规律研究》，载《管理学报》2016年第12期。

③ 章剑生：《知情权及其保障——以〈政府信息公开条例〉为例》，载《中国法学》2008年第4期。

④ 王保树：《竞争与发展：公司法改革面临的主题》，载《现代法学》2003年第3期。

一种“战略目的理性选择”[①]指引设定，缺乏针对相关复垦义务人、行为人行为“内部控制主动性和自律性”[②]的明晰约束。基于此，应就相应的道德检视、情形变更评判和行为范围界定事项予以“行动内容指南”[③]层面之行为选择指引。

其一，设定必要的“土地整治专家”[④]职业道德指引规范，以推动其“自我发现、自我遏止、自我纠错”[⑤]。应在健全专家推荐、遴选程序的基础上，明确现场评审专家轮换、随机抽选规程和通讯评审专家双盲评审规程，以设定专家职业道德之外在制度环境规范。此外，还应在列明“利害关系回避”具体事项的基础上，明确专家回避申请驳回理由说明与救济规程、专家职业道德瑕疵长效考量与回溯追责规程，以设定必要的专家职业道德之内在保障制裁规范。

其二，设定完备的“变化”情形评判指引规范。所涉“用地位置、规模等”变化情形即是基准评判事项，应以行为是否发生作为其评判依据，与行为范围、影响程度无必然关联。所涉“重大内容变化”情形即是裁量评判事项，行为是否发生当然是其评判基础，“扩大”与“变更”的事项范围则需纳入是否“重大”的考量要件，而予以种类、幅度之列明。此外，“修改”与“审查”作为情形变更应对措施，亦需就修改形式、修改比例、针对变化事项、变化前后

---

① 付景涛、倪星：《论地方政府在绩效评估中的理性选择——以珠海市为例》，载《岭南学刊》2009年第2期。

② 崔卓兰：《行政自制理论的再探讨》，载《当代法学》2014年第1期。

③ 黄科：《运动式治理：基于国内研究文献的述评》，载《中国行政管理》2013年第10期。

④ 《国土资源部办公厅关于开展土地整治专家集中推荐工作的函》，载中国国土整治网，http://www.lcrc.org.cn/tzgg/tzgg/201703/t20170302_38558.html。

⑤ 崔卓兰：《行政自制理论的再探讨》，载《当代法学》2014年第1期。

的方案效力变更、二次审查评价标准等事项予以明确规定。

其三，设定清晰的"预防控制措施"行为范围指引规范。所列明的"表土剥离"、"取土堆放"、"塌陷沉降"预防、"禁止排废"4类措施的技术标准，关涉"主体、内容、形式和时机"①等行为风险评估事项，可为该类措施的具体行为范围提供较为明确的科学事实指引。应以附录形式纳入《实施办法》中，予以表列，从而确立清晰的规范效力联结。其中，所涉国家标准应予以遵照执行性列明，所涉地方标准则予以参照适用性列明。例如，"取土堆放"措施相关的《土地复垦质量控制标准》（TD/T 1036－2013）和"禁止排废"措施相关的《危险废物填埋污染控制标准》（GB 18598－2019）、《危险废物鉴别技术规范》（HJ 298－2019）等国家标准。又如，"表土剥离"措施相关的《建设占用耕地表土剥离技术规范》（DB22－T 2278－2015）（吉林省地方标准）和"塌陷沉降"预防措施相关的《矿山地质环境保护与恢复治理验收标准》（DB43/T 1393－2018）（湖南省地方标准）等地方标准。

二、土地复垦权利人的评价能力要素

土地复垦权利人的评价能力要素，往往指向既有行为规范设定的相应土地复垦所有权人、管理权人、收益权人、承包经营权人等权利人，突破凸显"主体意识与权利意识"②的反馈实效与行为规程事项。

---

① 沈岿：《风险交流的软法构建》，载《清华法学》2015年第6期。

② 赵谦：《专业合作社法实施中的农民参与困境及校正——以重庆为例》，载《法学》2012年第3期。

(一)尝试推动相应复垦权利人积极主动参与评价，以确保反馈实效

例如，《条例》第28条、《实施办法》第36条之权利人“复垦验收异议”规定，皆凸显了“以职权来达成秩序目的”[①]视角下，相关复垦权利人基于“自我规制”[②]而生成之对土地复垦验收情况的认知，以及其作为复垦行为人积极参与验收进程所生成之可能的监管“行动效果反馈”[③]。虽然该类行为规范将“初步验收结果”设定为异议范围，将“书面”设定为异议方式，将“公告期”和“十五日”分别设定为异议提出期限与核查结论反馈期限，并将“自然资源主管部门”设定为异议提出对象与核查主体。但未能就核查结论反馈方式、渠道，以及异议情况核查后所提出整改意见的落实情况等反馈实效问题予以明确规定。

基于此，应明确核查结论针对异议的对等书面反馈方式和原路径反馈渠道。所涉反馈实效问题亦应确保复垦权利人在“范围、方法和程度”[④]等方面实现充分参与的前提下，根据“属实”的异议事项情形予以梯次化设定。若是针对“初步验收结果”的部分异议，并具备整改的技术可行性，则应根据既定复垦方案与复垦项目设计书载明的技术指标来实施整改，且相应环节的整改期限不应超出该环节的原设计工期。若是针对“初步验收结果”的全面异议，且触发复垦方案与复垦项目设计书所载明的验收不合

① 柳砚涛、刘宏渭：《行政法的嬗变：由公法到公私法合一》，载《甘肃政法学院学报》2006年第6期。

② 高秦伟：《社会自我规制与行政法的任务》，载《中国法学》2015年第5期。

③ 方世荣、谭冰霖：《论促进公民低碳行动的行政指导》，载《法学》2014年第2期。

④ 杨建顺：《论行政评价机制与参与型行政》，载《北方法学》2007年第1期。

格条款，抑或是部分异议但不具备整改的技术可行性，则皆应启动相应的追责程序并重新实施该复垦项目。

（二）尝试列明相应复垦权利人的具体参与事项，实现必要的评价方向限定，以明晰行为规程

例如，《条例》第33条之与权利人“签订土地复垦协议”规定和《实施办法》第48条之“办理土地登记相关手续”规定，分别列明了所涉土地复垦协议的目标任务、土地使用和收益分配与土地登记手续事项。但该类行为规范未能就相关复垦权利人于所涉“协议”和“登记”活动中的羁束性与裁量性之评价属性，以及相应的行动“程序性结构”①等行为规程问题予以清晰规定。

基于此，应明确相关权利人在复垦协议签订过程中的裁量性评价属性。“应当组织签订”之羁束性仅指向自然资源（国土资源）行政部门，其作为协议第三方，虽然应积极推动协议签订进程，但不能“越俎代庖”而命令或代位复垦权利人签订协议。在该类民事合同的签订过程中，投资单位或个人与复垦权利人的法律地位是平等的，双方应合意沟通相应的目标任务、预期土地使用和收益分配等协议条款。是否实施复垦、如何复垦以及复垦后的权属处置等事项，皆应尊重相关权利人的自由意志决断。

此外，还应明确相关复垦权利人在办理土地登记过程中的羁束性评价属性。“应当依法办理”之羁束性，即指向复垦后发生权属调整的相关权利人。《土地登记规则》（1989年制定、1995年修改）第4～6章之“变更、注销登记”等相关规范设定的规范效力联结应予以明确。所涉权属变更登记申请、地籍调查、权属

---

① 秦小建：《言论自由、政治结构与民主协商程序的多元构造》，载《法制与社会发展》2016年第5期。

审核、注册登记、核发证书等登记基本环节设定，亦应伴随“事前预防、事中化解与事后优化”①的“开放行政”②式行政登记机制构建，而予以指向性适用依循。

第二节　推动土地复垦监管职能部门的有序化对口协商

探究土地复垦合作监管的行为协同命题，即是厘清该类监管行为在行政协同方面的制度规范设定要旨。土地复垦合作监管行为所涉行政协同事项，旨在于该类合作监管行为过程中，基于达致“作为行政目标实现的过程或环节和结果达成的契约文本”③之程序与实体的双重面向协商要义，来设定行政主体维度中凸显“利益多元化前提下的协商民主机制”④。具体可尝试从对口协商平台与对口协商事项两个方面，来弥合不同监管职能部门之间的权力行使资源与法律地位分歧，以推动促进“阶层和谐”⑤视域下合作监管共识的顺利达成。

---

① 汤金金、孙荣：《全过程治理：风险社会下公共冲突弹性治理机制建设》，载《党政研究》2017 年第 5 期。

② 邓佑文：《行政参与的权利化：内涵、困境及其突破》，载《政治与法律》2014 年第 11 期。

③ 蒋红珍：《论协商性政府规制——解读视角和研究疆域的初步厘定》，载《上海交通大学学报（哲学社会科学版）》2008 年第 5 期。

④ 许玉镇、王颖：《民生政策形成中利益相关者有序参与问题研究——基于协商民主的视角》，载《政治学研究》2015 年第 1 期。

⑤ 罗杰群：《服务型政府的构建与社会阶层和谐的实现》，载《中国行政管理》2007 年第 11 期。

一、程序面向的土地复垦监管职能部门对口协商平台

所涉对口协商平台，往往指向既有行为规范设定的各类土地复垦监管职能部门，依循“民主、参与、协商、沟通、合作和互动”①功能理念，所明确的“协商委员会”②等组织机构建制事项。例如，《条例》第5条之自然资源（国土资源）行政部门作为协同中心来主导监管、“其他有关部门”依职责配合规定和《实施办法》第3条之自然资源（国土资源）行政部门“加强与发展改革等部门的协同配合”规定，即大体上确立了各类职能部门在土地复垦监管中的“一元复合型体制”③，以及主导与协同监管之职责分工基本框架。

但所涉协同组织机构建制之对口协商平台设定是缺失的，该框架下可能的协商意见往往趋于封闭或零散。各类平级监管职能部门之间可能的对口协商，更多地有赖于“等级制纵向协同”④下上级领导基于更高层次权威的单向度统筹或监督指导，事项合作型、任务组织型与项目集中型之相应协商决策的“务虚意义远远大于决策执行务实价值”⑤。有必要设立担负“政策研究和规划、信息交流与沟通、政策执行的协调与监督等功能”⑥之“领导小

---

① 张锋：《我国协商型环境规制构造研究》，载《政治与法律》2019年第11期。

② 蒋红珍：《治愈行政僵化：美国规制性协商机制及其启示》，载《华东政法大学学报》2014年第3期。

③ 赵谦：《互助与自足：土地复垦监管的共同体关系及功能》，载《暨南学报（哲学社会科学版）》2017年第8期。

④ 蒋敏娟：《法治视野下的政府跨部门协同机制探析》，载《中国行政管理》2015年第8期。

⑤ 赵谦：《机构建制与治理：土地复垦监管组织条款的规范分析》，载《东方法学》2018年第5期。

⑥ 赖静萍、刘晖：《制度化与有效性的平衡——领导小组与政府部门协调机制研究》，载《中国行政管理》2011年第8期。

组”[1]式的跨部门对口协商平台，从组织形式方面来推进“组织和权力结构互动”[2]所表征之横向对口协商理念逐步确定。

基于此，有必要依循“平等化、行动化、去中心化和开放性、扁平化和去边界化”[3]的合作监管理念，尝试设立“履行监督职能但不参与具体案件查办”[4]的“土地复垦监管联席会议”[5]等对口协商平台。在该类“调和部门自主性与相互依赖属性”[6]的协商平台中，充分发挥相关职能部门各自的“组织、结构、程序、人员优势”[7]。根据相应主导与协同监管职能部门的不同职责范围，在“土地复垦前（标准、规划、方案）、中（年报、信息监测、资金管理、实施）、后（验收、效益评价）”[8]的不同阶段环节，通过“设计合理、分工明确且守持程序规则”[9]的差异化协商方式，来实现各自监管履责情况的沟通交流，并就所涉疑难个案处置或需协调处置事项来推进“决策协商”[10]。在土地复垦前诸环节，主要凸显信息

① 赵谦、陈祥：《领导小组功能适当化：高标准农田建设机构建制条款的规范要义》，载《中国土地科学》2019 年第 3 期。

② 赖静萍：《当代中国领导小组类型的扩展与现代国家成长》，载《中共党史研究》2014 年第 10 期。

③ 苟欢：《合作治理：社会治理变革的新探索——中国“合作治理”研究（2000～2016）文献综述》，载《公共管理与政策评论》2017 年第 1 期。

④ 陈阳：《论我国土地督察制度良善化进路——以中央与地方关系为视角》，载《东方法学》2017 年第 2 期。

⑤ 赵谦：《机构建制与治理：土地复垦监管组织条款的规范分析》，载《东方法学》2018 年第 5 期。

⑥ 杨志云、殷培红等：《政府部门职责分工及交叉的公众感知：基于环境管理领域的分析》，载《中国行政管理》2015 年第 6 期。

⑦ 邓伟志：《变革社会中的政治稳定》，上海人民出版社 1997 年版，第 94 页。

⑧ 赵谦：《互助与自足：土地复垦监管的共同体关系及功能》，载《暨南学报（哲学社会科学版）》2017 年第 8 期。

⑨ 渠敬东：《项目制：一种新的国家治理体制》，载《中国社会科学》2012 年第 5 期。

⑩ 吴明熠：《依法行政决策协商程序构建中的价值冲突与选择》，载《行政与法》2019 年第 9 期。

共享与一体化审批的协商方式;在土地复垦中诸环节,主要凸显资料会审与理由说明的协商方式;在土地复垦后诸环节,主要凸显现场联合调查与一体化审批的协商方式。以期在"机关结构决定职权归属"[①]之功能主义调适维度中,实现所涉横向对口协商的互动性积极、有效协同。

二、实体面向的土地复垦监管职能部门对口协商事项

所涉对口协商事项,往往指向既有行为规范设定的相应监管职能部门,基于"公共决策"[②]理念,所明确的"共同制定监管政策和目标"[③]等协商性监管权责指标范围。例如,《条例》第 18 条之"土地复垦费征收使用管理办法"会商规定,即指向自然资源(国土资源)与财政、价格之三类部门展开协商,并将"办法制定"设定为主要权责指标。又如,《条例》第 28 ~ 31 条和《实施办法》第 35 ~ 36 条之"会同验收"规定,即指向自然资源(国土资源)与农业、林业、环境保护之四类部门展开协商,并将"效果跟踪评价"和"完成情况、执行情况、质量等级、管理情况、管护措施"列明为 6 类主要权责指标。

相关规范设定,大体上将管理办法协商与验收协商确立为两类主要对口协商事项,并基于"社会性规制的成本与收益分析"[④],就参与协商的职能部门以及主要权责指标范围予以较为明确的规定。但所涉权责指标仍略显粗疏,有必要更进一步提炼量

---

① 张翔:《我国国家权力配置原则的功能主义解释》,载《中外法学》2018 年第 2 期。

② 王锡锌:《公众参与:参与式民主的理论想象及制度实践》,载《政治与法律》2008 年第 6 期。

③ 李沫:《协商性监管的挑战与应对》,载《社会主义研究》2012 年第 6 期。

④ 何立胜、樊慧玲:《政府社会性规制的成本与收益分析》,载《中州学刊》2007 年第 5 期。

化并凸显其可操作性。且所涉对口协商事项仅仅局限于土地复垦资金管理、验收与效益评价环节监管,在土地复垦标准、规划、方案、年报、信息监测、实施等其他环节监管中,可否也推行对口协商?

基于此,应厘清参与对口协商平台的相关职能部门在各个监管环节"参与公共政策制定、执行与监督"[1]的差异化权责范围,并就可能的对口协商事项予以类型化梳理。自然资源(国土资源)行政部门应就土地复垦诸环节实施组织、运营、评价的全过程主导监管;环保部门应就土地复垦标准、规划、验收诸环节实施相关环评论证的主导监管;财政、价格部门应就土地复垦资金管理环节实施资金运营的主导监管;规划部门应就土地复垦标准、规划、方案诸环节实施相关草案的协调监管;审计部门应就土地复垦年报、信息监测、效益评价诸环节实施相关事项报告的协调监管;农业、林业部门应就土地复垦验收环节实施项目运营的协调监管;纪检监察部门应就土地复垦诸环节各个职能部门工作人员的履职行为实施全方位主导监管。基于上述各环节的差异化监管权责范围,可能生成的对口协商事项大致可分为制度监管对口协商与结果监管对口协商两大类。

制度监管对口协商事项,主要指向包括资金管理办法在内的各环节管理办法。该类协商固然应以管理办法制定与否作为主要的权责指标,但管理办法所规定诸项条款的事项权限合法性、权责设定合理性、措施程序可操作性、适用结果实效性、制度体系协调性、语言结构规范性亦应纳入量化指标范围。相关职能部门

① 郁建兴、张利萍:《地方治理体系中的协同机制及其整合》,载《思想战线》2013年第6期。

应通过信息共享、理由说明等协商方式,在所涉管理办法制定的立法准备阶段实现充分“谈判与磋商”①,以确保提交相应立法机关审议之办法草案应有的科学性。

结果监管对口协商事项,则主要指向包括验收协商在内的草案结果、报告结果与运营结果协商。该类协商固然应以既有6类主要权责指标作为基本准据,但相关“项目实施信息采集与填报、质量监管、工程量签证、档案资料管理等”②现场监管评判操作规程,以及“卫片执法”③“土地监测信息系统”④“‘天上看,地上查,网上管’的数字化高科技监管”⑤之非现场监管评判操作规程,亦应予以明确。相关职能部门应通过资料会审、现场联合调查、一体化审批等协商方式,就所涉草案、报告与运营的结果评判,实现有序、有据之“契约文本”⑥化酝酿,必要时可“引入第三方机制参与裁决”⑦,以确保所出具结论的权威性与公信力。

---

① 李沫:《协商性监管的挑战与应对》,载《社会主义研究》2012年第6期。

② 高世昌:《中国土地开发整理监管研究》,载《资源与产业》2008年第5期。

③ 包卫兵、徐培华:《年度土地卫片执法检查中的问题与建议》,载《国土资源》2013年第3期。

④ 王晓栋、毛其智:《基于综合时空数据模型的包头市郊区土地监测信息系统》,载《清华大学学报(自然科学版)》2002年第6期。

⑤ 孟展、杨文杰等:《土地开发整理项目监管制度建设探讨》,载《资源与产业》2011年第3期。

⑥ 蒋红珍:《论协商性政府规制——解读视角和研究疆域的初步厘定》,载《上海交通大学学报(哲学社会科学版)》2008年第5期。

⑦ 应松年:《对〈行政复议法〉修改的意见》,载《行政法学研究》2019年第2期。

第三节　促进土地复垦监管当事人的无障碍化信息公开

探究土地复垦合作监管的行为互动命题，即是厘清该类监管行为在信息互动方面的制度规范设定要旨。土地复垦合作监管行为所涉信息互动事项，旨在凸显相关土地复垦监管当事人基于“互惠性目标”①，依循行政主体与行政相对人之沟通渠道，通过必要的传递环节事项设定，而实现相应“信息无障碍传递”②式公开。具体可尝试从“主动信息公开与被动信息公开”③两个方面，来促进所涉“信息公开制度的建立健全”④，以合理“规避公共利益轻易被淡化或者弱化”⑤之风险。

一、土地复垦监管当事人的主动信息公开

土地复垦监管当事人的主动信息公开，往往指向既有行为规范设定的相应监管职能部门，在“权利保护维度”⑥中基于“公开、

① 张康之：《合作治理是社会治理变革的归宿》，载《社会科学研究》2012 年第 3 期。

② 戚建刚、郭永良：《合作治理背景下行政机关法律角色之定位》，载《江汉论坛》2014 年第 5 期。

③ 应松年、陈天本：《政府信息公开法律制度研究》，载《国家行政学院学报》2002 年第 4 期。

④ 马怀德：《政府信息公开制度的发展与完善》，载《中国行政管理》2018 年第 5 期。

⑤ 关保英：《论行政合作治理中公共利益的维护》，载《政治与法律》2016 年第 8 期。

⑥ 韩旭至：《信息权利范畴的模糊性使用及其后果——基于对信息、数据混用的分析》，载《华东政法大学学报》2020 年第 1 期。

平等、便民”[①]理念，所明确的实现“观念的多样性获得尽可能完整和广阔的表达与传递”[②]所需的依职权信息公开事项。例如，《条例》第7条之“发布土地复垦数据信息”规定和《实施办法》第5条之“发布土地损毁、土地复垦数据信息”规定，《条例》第28条、《实施办法》第36条之“初步验收结果公告”规定，以及《实施办法》第22条之“土地复垦义务履行情况年度报告公开”规定、第29条之“历史遗留损毁土地认定结果公告”规定、第45条之“公开重大事项”规定，即将相应监管职能部门所主动公开信息的范围列明为数据信息、结果公告、年度报告与重大事项4类，并将“门户网站”设定为主动信息公开的基本途径。

相关规范设定皆依循“塑造公民理性参与精神之公众充权”[③]思维，在一定程度上明晰了相应监管职能部门主动发布这4类信息的具体事项及范围，并将初步验收结果公告事项设定为后续复垦权利人实现“意见、异议”参与的前置环节。但该类信息发布与公告的属性，更多地囿于单向度的职责广播式信息公开，并未将确保相关复垦权利人的必要知情权设定为信息公开之责达致情况的核心评判要件，其应有的信息公开之双向度乃至互动性属性不够明显。虽然《实施办法》相关规定补正了初步验收结果公告时间“不少于三十日”，但时间期限设定并不意味着相关复垦权利人一定会知悉相应信息。此外，这4类信息究竟是完全公开还是部分公开？信息本身的概览公告固然重要，但所涉信息

① 应松年、陈天本：《政府信息公开法律制度研究》，载《国家行政学院学报》2002年第4期。

② 张翔：《基本权利的双重性质》，载《法学研究》2005年第3期。

③ 胡卫卫：《公众充权：农村政治生态重构中公众参与的路径指向》，载《农业经济》2019年第5期。

的支撑材料与程序过程亦应在一定条件下、一定范围内同步公开，以避免相应信息公开之责达致情况核心评判要件的“法治空洞化”[①]设定。

基于此，在“公共利益本位”[②]前提下，所涉主动公开信息的“回应各种社会需求和愿望”[③]之“人本化”[④]信息动态交流属性，应予以规范强化，而尝试实现双向度之定向服务式信息公开。在明晰该类数据信息、结果公告的传统纸质媒体与“政务论坛、微博平台”[⑤]“一网两微一端一平台”[⑥]等新媒体的大众化发布途径以外，还应增加面向复垦责任主体与复垦权利人的邮件寄递订阅、短信通知订阅等定向服务途径，以“防止新闻发布成为新的信息垄断”[⑦]。特别是正在实施中的相关土地复垦项目责任主体，还需将其相应的信息送达回执、已读回执乃至信息知悉反馈时限等信息知悉确认事项列为项目效益评价指标，以确保所涉主动公开信息的可操作性与传播实效。

此外，基于凸显“赢得公民对自身的认可”[⑧]与避免受众“信

① 罗豪才、宋功德：《现代行政法学与制约、激励机制》，载《中国法学》2000 年第 3 期。

② 刘小艳：《现代行政法的理论基础——公共利益与个体利益协调论》，载《行政法学研究》2004 年第 4 期。

③ [美]诺内特、[美]塞尔兹尼克：《转变中的法律与社会：迈向回应型法》，张志铭译，中国政法大学出版社 1994 年版，第 16 页。

④ 宋玉波、陈仲：《论人本化行政》，载《理论探讨》2015 年第 3 期。

⑤ 李毅：《构建社会合作治理体系的几个要点》，载《人民论坛》2016 年第 35 期。

⑥ 潘玲：《“一网两微一端一平台”助推党建创新》，载《青海日报》2016 年 8 月 10 日，第 6 版。

⑦ 颜春龙：《网络环境下政府信息公开的范式选择》，载《中央社会主义学院学报》2007 年第 5 期。

⑧ 赵春雷：《论政府信息公开中公众的体验及其改善路径》，载《南京师大学报（社会科学版）》2013 年第 1 期。

息过载”[①]之双重目的，相应监管职能部门主动发布信息的结构事项亦应予以分类列明。一方面，将数据信息报表、初步验收结果报告、认定结果报告与6类重大事项报告等结论概览性信息，列为基准大众化发布信息；另一方面，将可公开的数据信息子项目、信息指标说明、信息来源、验收图样、环节实录、事项说明、相关证据材料等过程阐明性信息，列为可选订阅式发布信息。从而在“行政效率理念”[②]引领下，实现所涉信息服务的差异化有效供给。

二、土地复垦监管当事人的被动信息公开

土地复垦监管当事人的被动信息公开，往往指向既有行为规范设定的相应监管职能部门，基于“开放政府的观念”[③]所明确之依申请实现“公众主动选择”[④]式信息公开事项。例如，《实施办法》第10条之“申请查询专家意见”规定，即旨在凸显监管职能部门顺应“公共选择”[⑤]的需求，依循“信赖保护原则”[⑥]来向申请人定向公开相关“专家意见”。

该类依申请之被动信息公开的实效，往往与“以民为本”[⑦]理念指引下监管职能部门对《政府信息公开条例》(2007年制定，2019年修改)的准据式适用行为有关。虽然既有土地复垦监管

---

① 蔺丰奇、刘益：《信息过载问题研究述评》，载《情报理论与实践》2007年第5期。

② 关保英：《行政程序滥用研究》，载《现代法学》2015年第3期。

③ 张成福：《开放政府论》，载《中国人民大学学报》2014年第3期。

④ 刘淑华：《大数据时代网络抗争治理——基于江苏启东事件的个案研究》，载《中国行政管理》2015年第7期。

⑤ 罗豪才、宋功德：《行政法的治理逻辑》，载《中国法学》2011年第2期。

⑥ 莫于川、林鸿潮：《论当代行政法上的信赖保护原则》，载《法商研究》2004年第5期。

⑦ 蔡定剑：《中国公众参与的问题与前景》，载《民主与科学》2010年第5期。

行为规范并未就所涉被动信息公开的事项内容予以直接列明，但《政府信息公开条例》的相关规定亦能通过“宏观公共性落实到微观公共行政的实践”①，而就该类监管活动中的相关事项予以方向性指引。

基于此，则应在“确保各种价值诉求表达机会”②理念的指引下，依循《政府信息公开条例》的相关规定，尝试进一步厘清土地复垦监管所涉被动信息公开的“申请主体范围、信息公开范围”③等事项，以达致责任主体、权利人等其他相对弱势一方的土地复垦监管当事人对必要监管“行政信息的拥有和控制”④。

一方面，《政府信息公开条例》第 27 条确立了申请主体的裁量性“可以”申请原则，即就申请主体不作资格性限定，皆以其意愿申请为依据。《实施办法》第 10 条则将申请主体定性为“复垦方案申请人或相关利害关系人”，而在一定程度上对申请主体予以了事实上的“利害关系”限定。则可基于避免同位阶立法条款冲突的考量，建议在《实施办法》该项规定中增加“等公民、法人或者其他组织”。从而为“复垦方案申请人或相关利害关系人”以外的其他土地复垦监管当事人，通过裁量性“可以”申请实现“及时、准确、完整的信息获取”⑤提供必要的规范依据。

另一方面，《政府信息公开条例》第 13 ~ 16 条明晰了以公开为原则、以列明限定为例外的信息公开范围。其中的列明限定分

---

① 夏志强、谭毅：《公共性：中国公共行政学的建构基础》，载《中国社会科学》2018 年第 8 期。

② 季卫东：《论法制的权威》，载《中国法学》2013 年第 1 期。

③ 陆幸福：《论依申请公开政府信息之制度改进》，载《法学》2013 年第 4 期。

④ 王凌燕：《公民行政参与的困境与出路》，载《学术界》2011 年第 5 期。

⑤ 柳亦博：《论合作治理的生成：从控制、竞争到合作》，载《天津社会科学》2015 年第 3 期。

为3类:“国家秘密”之绝对限定,“商业秘密、个人隐私”之指明条件限定,“内部事务信息、履职过程信息”之酌情裁量限定。《实施办法》第10条虽然仅列明了“查询专家意见”之信息公开事项,但亦明确了《政府信息公开条例》的依据属性,且明晰了作为“履职过程信息”之“专家意见”的“应当”公开情形。可基于特别规定优先适用的考量,“策略性地调整信息公开的排除范围”[①]。建议对土地复垦监管被动信息公开所涉3类列明限定,予以适当的“政策流动性”[②]调整,即将该类监管活动中的“履职过程信息”纳入指明条件限定的范围,在《实施办法》的该项规定中增加“等相关履职过程信息”,从而为“开放行政治理模式”[③]下所涉被动信息公开范围的适度扩张提供必要的规范依据。

小　结

经过上述在土地复垦合作监管领域中行政行为法理论所涉行为素质、行为协同与行为互动命题的印证与具象,可以厘清该类合作监管行为在客观严密化行政行为活动方式下的素质结构、行政协同与信息互动事项。首先,应从相关当事人的认知与评价能力要素两方面,尝试提升行为素质命题所涉能力要素。认知能力要素有赖于相应的理性判断建构与行为选择指引,评价能力要

① 湛中乐、苏宇:《论政府信息公开排除范围的界定》,载《行政法学研究》2009年第4期。

② 谢小芹:《“脱域性治理”:迈向经验解释的乡村治理新范式》,载《南京农业大学学报(社会科学版)》2019年第3期。

③ 蔡武进:《行政治理视野下的行政协商》,载《北方法学》2014年第3期。

素则需通过相应的反馈实效与行为规程来彰显。其次,应从相关当事人的对口协商平台与事项两方面,尝试弥合行为协同命题所涉资源、地位分歧。有必要设立土地复垦监管联席会议等对口协商平台,并基于差异化监管权责范围设定来明晰相应的制度监管与结果监管对口协商事项。最后,应从相关当事人的主动与被动之信息传递环节事项设定两方面,尝试确保行为互动命题所涉信息无障碍化公开。有必要实现双向度之定向服务式信息公开,分类列明主动发布信息的结构事项,并进一步厘清被动信息公开的申请主体范围与信息公开范围。基于此,土地复垦监管行为与合作治理的素质、协同和互动要义在相关制度层面是大体契合的,有必要在合作治理范式指引下探究所涉规范设定瑕疵的完善面向。

第六章　土地复垦监管的理念进阶论

我国的土地复垦旨在“将被破坏土地或损毁土地恢复到可供利用的状态”①,进而恢复或重建土地周边的生态环境,以“确保复垦修复良性发展,增强复垦效益”②。所涉复垦监管理念,即是在矿区土地复垦抑或土地复垦活动中,各类复垦当事人所应遵循并贯彻实施于复垦全过程各环节的方向性、体系化思维表达与理性见解,以为该类活动的科学、有效推进提供必要的价值引领。我国土地复垦在行为宗旨与方式上,强调通过必要的整治措施“对

---

① 王军、张亚男等:《矿区土地复垦与生态重建》,载《地域研究与开发》2014 年第 6 期。

② 薛建春、白中科:《生态脆弱矿区土地复垦方案实施监测评价研究——以平朔矿区为例》,载《水土保持研究》2012 年第 1 期。

损毁的土地与环境进行修复，实现土地使用价值与生态环境的双恢复”①。

我国的土地复垦立法围绕《条例》和《实施办法》，逐步确立了“提高土地利用的社会效益、经济效益和生态效益”与“复垦后的土地优先用于农业”等较为明确的效益化、农业优位化复垦监管理念，但因“激进主义发展经济学”②的影响，而在自然环境面向与人文环境面向，分别诱发了复垦功能调适与复垦法益选择相关条款的规范设定自足性、“可操作性”③瑕疵，从而影响通过土地复垦“确保耕地总量不减少、质量不降低”④以提升“土地资源承载能力”⑤之预期绩效目标的顺利达成。可尝试厘清我国土地复垦立法在复垦监管理念面向的规范完善进路，以实现对土地复垦活动更为整全、更具效能的行为价值引领。

对我国土地复垦立法在自然环境与人文环境两类面向的功能规范设定与法益规范设定展开类型化研究后发现，我国相应规范设定分别存在一定的功能调适与法益选择掣肘。一方面，可尝试推动我国所涉整体生态效益规范的协调互动性校正、所涉局部环境要素规范的表列干预扩张，以达致该类规范设定的平衡化功能整合。另一方面，可尝试促进我国所涉社会公共利益规范的一般性与特殊性之法益补正、所涉公民个体权益规范的列明与救济之法益扩张，以达致该类规范设定的调适化法益衡平。基于此，

---

① 胡振琪：《再论土地复垦学》，载《中国土地科学》2019年第5期。

② 甘鸿鸣、李运：《激进主义发展经济学评析》，载《经济学动态》1996年第9期。

③ 杨慧娟：《采矿塌陷区土地复垦立法及完善》，载《中国土地》2012年第1期。

④ 《土地管理法》，载中国人大网2019年9月5日，http://www.npc.gov.cn/npc/c30834/201909/d1e6c1a1eec345eba23796c6e8473347.shtml。

⑤ 李哲、李梦娜：《供给侧结构性改革背景下农村土地整治路径探析》，载《农村经济》2018年第8期。

可初步检视我国土地复垦立法在复垦监管理念面向的规范整全性，以加快我国土地复垦立法的规范完善进程。

第一节　我国土地复垦立法的功能整合

我国土地复垦立法在复垦所涉自然环境面向设定的“固有内在、稳定、应然的描述性”①功能规范，存在一定的“功能因素调适”②掣肘。可尝试探究该类规范设定的平衡化功能整合进路。

一、我国土地复垦立法在自然环境面向的功能调适掣肘

我国土地复垦立法在自然环境面向的功能规范设定，主要表征为整体“用途效益”③规范与局部“环境要素”④规范。该类规范设定存在的协调互动性与表列干预瑕疵，形成了相关立法在自然环境面向的功能调适掣肘。

（一）整体用途效益规范重社会、经济效益，轻生态效益

我国土地复垦立法的整体用途效益规范，旨在依循《条例》第1条和《实施办法》第2条之“社会效益、经济效益和生态效益”规定，确保土地复垦活动能在权利人利益需求满足、土地使用价值恢复和生态环境恢复3个方面实现协调，而设定该类活动的复合功能。

---

① 周旺生：《法的功能和法的作用辨异》，载《政法论坛》2006年第5期。

② 朱前星：《社会整合与执政党的功能调适》，载《马克思主义与现实》2010年第5期。

③ 王万茂：《土地用途管制的实施及其效益的理性分析》，载《中国土地科学》1999年第3期。

④ 黄蕙萍：《环境要素禀赋和可持续性贸易》，载《武汉大学学报（社会科学版）》2001年第6期。

既有规范设定在复垦权利人相关“所有权、使用权和他项权利之确认、调整及变更登记”①的利益需求满足之社会用途效益面向,主要通过对复垦后土地“利用方向”②的形式管制,来确保“农本观念”③下对耕地的特殊保护。例如,《条例》第4条之“复垦土地优先用于农业”规定和《实施办法》第2条之“优先复垦为耕地”规定,即明晰了复垦后土地的农业用途优先原则。又如,《条例》第32条之“农用地复垦恢复原状退还耕地占用税”规定、第34条之“复垦为耕地给予补贴”规定和《实施办法》第41条之“农用地复垦恢复为原用途退还耕地占用税”规定、第42条之“复垦为耕地作为补充耕地指标出资购买”规定,即以补贴、退税、指标购买等方式来积极推动复垦后土地的农业用途导向。相应的原则性倡导与具体物质激励措施干预,在一定程度上限缩了复垦权利人基于“理性认知、价值偏好和行为能力”④设定复垦后土地用途的自由裁量空间。该类社会用途效益面向,虽然有助于实现我国“人多地少”⑤客观国情下的“粮食安全保障”⑥,但亦因土地资源在总量管控下的稀缺性,使“区域土地资源用于农业或

① 赵谦:《我国土地整理权属设置的宪法依据论》,载《法商研究》2014年第2期。

② 黄征学、蒋仁开等:《国土空间用途管制的演进历程、发展趋势与政策创新》,载《中国土地科学》2019年第6期。

③ 马先标:《三大国情下的我国农地金融发展模式问题再探讨》,载《福建论坛(人文社会科学版)》2019年第10期。

④ 张书涛:《政府绩效评估的多层治理与偏差控制:一个政策协同的分析框架》,载《河南师范大学学报(哲学社会科学版)》2018年第6期。

⑤ 彭卫兵、张晓敏:《农村土地流转的再审视——以农村人多地少的基本矛盾为视角》,载《中国土地科学》2010年第1期。

⑥ 刘利花、杨永福等:《基于粮食安全的耕地保护补偿研究》,载《西北农林科技大学学报(社会科学版)》2017年第1期。

耕地的数量增加必然会减少其成为生态用地的可能性"[1],而在一定程度上掣肘了生态用途效益的达致。

此外,既有规范设定更多地基于"18 亿亩耕地红线"[2]相关指标考量,通过《条例》第 2 条之"达到可供利用状态"规定、第 4 条之"经济可行原则"规定和《实施办法》第 35 条之"耕地质量等级"规定,就"土地使用价值恢复"[3]之经济用途效益予以目的、过程、结果方面的指标性列明,以凸显提高土地利用效率的"可操作性"[4]。但在通过土地复垦"促使污染的环境或是退化的生态系统再生"[5]之生态用途效益面向,则主要通过"宣示性"[6]规定的方式,与社会效益、经济效益一道来进行"原则化"[7]组合设定,例如,《条例》第 16 条之"质量与生态环境"规定和《实施办法》第 27 条之"社会、经济、生态效益分析"规定、第 30 条之"经济、社会和生态效益规划"规定。相关规定"必要的、合理的措施"[8]性指引较为模糊,更多地掣肘于"生态规律滞后性"[9],较为忽视土地复垦活动应有的长期生态用途效益,而在一定程度上诱发了"复

---

① 丁振民、姚顺波:《区域生态补偿均衡定价机制及其理论框架研究》,载《中国人口·资源与环境》2019 年第 9 期。

② 张晓玲、刘康等:《坚守 18 亿亩耕地红线不动摇》,载《求是》2009 年第 21 期。

③ 胡振琪:《再论土地复垦学》,载《中国土地科学》2019 年第 5 期。

④ 吕世伦:《法理念探索》,黑龙江美术出版社 2018 年版,第 353 页。

⑤ 陈红梅:《生态修复的法律界定及目标》,载《暨南学报(哲学社会科学版)》2019 年第 8 期。

⑥ 齐湘泉:《基本原则与宣示性条款之辩——〈涉外民事关系法律适用法〉第 3 条再解读》,载《清华法学》2018 年第 2 期。

⑦ 朱腾:《原则化与规则化——〈春秋公羊传〉与〈春秋谷梁传〉所见周礼之实质化的两种路径》,载《法制与社会发展》2013 年第 6 期。

⑧ 王小钢:《生态环境修复和替代性修复的概念辨正——基于生态环境恢复的目标》,载《南京工业大学学报(社会科学版)》2019 年第 1 期。

⑨ 蓝强:《人与自然和谐共生的多维取向》,载《重庆社会科学》2016 年第 11 期。

垦破坏山体结构”[①]等现象。

（二）局部环境要素规范更多地囿于土、水要素表列与结果性干预

我国土地复垦立法的局部环境要素规范，旨在通过对复垦所影响各类局部自然环境要素的列举，尝试明晰其相应的公权力干预事项，以促进各类要素通过土地复垦活动实现“相互联系、相互促进、相互制约、相互转化”[②]，而提升所在“区域生态安全水平”[③]。

既有规范设定，更多地基于土壤及相应的耕地“生态系统基本要素”[④]作为“实现‘三位一体’保护战略的基础”[⑤]和地下水是“生态平衡维护中的重要因素”[⑥]等考量，而强调对复垦所涉土、水环境要素的义务性表列干预。例如，《条例》第 16 条之“避免污染土壤和地下水”的义务性规定、《实施办法》第 24 条之针对土壤和地下水的“预防控制措施”规定与《条例》第 40 条之“有毒有害物质回填（充填）”罚则规定，即就这两类环境要素设定了较

---

① 逯仲胜、张建斌等：《山西一公司复垦时挖矿破坏山体结构》，载新京报网，http://www.bjnews.com.cn/news/2019/06/13/590496.html。

② 宋海宏、宛立等主编：《城市生态与环境保护》，东北林业大学出版社 2018 年版，第 28 页。

③ 李光宇、吴次芳：《土壤微生物研究在农田质量评价中的应用》，载《土壤学报》2018 年第 3 期。

④ 陈德敏、薛婧媛：《中国土壤污染现状与法律责任解读》，载《重庆大学学报（社会科学版）》2008 年第 1 期。

⑤ 孔祥斌、张蚌蚌等：《基于要素—过程—功能的耕地质量理论认识及其研究趋势》，载《中国土地科学》2018 年第 9 期。

⑥ 王玲、马东春：《政府主导的城市地下水生态补偿机制研究》，载《环境保护》2015 年第 17 期。

为完整的"事实构成—法效果"[①]式积极干预规范。但针对空气、林地、鱼类和野生动植物等其他环境要素则较少涉及,或仅通过《实施办法》第24条之"排放废气、废水、废渣、粉灰、废油等"禁止性规定的方式予以"间接设定"[②]式消极干预。此外,围绕各类环境因素所设定的公权力干预事项,主要通过《条例》第四章、《实施办法》第四章的验收规定,来实现复垦项目作业后的结果性干预。在复垦项目实施中的"现场监管或技术化非现场监管"[③]之过程性干预与"后续监督"[④]式干预,则较少涉及或"模糊化"[⑤]规定,而在一定程度上掣肘了所涉局部环境要素规范应有的"生物多样性保护"[⑥]考量与"整全性"[⑦]干预规程设计。

二、我国土地复垦立法的平衡化功能整合进路

可尝试探究我国土地复垦立法在整体生态效益规范和局部环境要素规范两方面的功能整合进路。

(一)整体生态效益规范的协调互动性校正

自然环境要素平衡化,更多地尝试通过生态效益面向的功能事项来达致与社会、经济效益面向功能事项的衔接效应。我国整

---

① 刘连泰:《中国合宪性审查的宪法文本实现》,载《中国社会科学》2019年第5期。

② 曹昌伟:《侵权法上的违法性研究》,中国政法大学出版社2017年版,第150页。

③ 赵谦:《机构建制与治理:土地复垦监管组织条款的规范分析》,载《东方法学》2018年第5期。

④ 郑博超:《土地复垦,后续监督必须做实》,载《检察日报》2018年12月26日,第4版。

⑤ 柳正权:《法治类型与中国法治》,武汉大学出版社2015年版,第254页。

⑥ 黄锡生、关慧:《环境伦理观与生物多样性法律保护的相关问题》,载《广东社会科学》2004年第6期。

⑦ 王俊龙:《整全性:逻辑新论——以中西思想交叉结合的三条思路为线索》,载《河南大学学报(社会科学版)》2011年第1期。

体生态效益规范的协调互动性校正，旨在尝试就所涉规范的用途效益面向予以适当调整。

一方面，应在坚持既有复垦后土地利用形式管制的前提下，就具体的管制事项予以量化配置，切实强化生态用途效益面向。应进一步明确复垦后土地农业用途优先的具体比例，可基于现有耕地数量、已完成复垦土地的数量与质量、国家粮食需求总量与结构等因素，将大多数（70%）的复垦后土地用途设定为羁束性农业用途而必须复垦为农业用地，将剩余（30%）的复垦后土地用途设定为裁量性生态用途。裁量性生态用途管制面向下该部分复垦后土地用途交由复垦权利人自由裁量，可基于"山水林田湖草是生命共同体"①原则，并根据现实效益需求，将其灵活设定为"矿山地质公园等休闲旅游场所"②所需林地、草地、湿地、湖泊等生态用地，以为达致生态用途效益提供必要的土地要素支撑。

另一方面，应在既有原则化、宣示性生态用途效益规定的基础上，增设"相对独立的条款"③，而就生态用途效益面向予以更为清晰、明确的"制度支持"④指引。应列明促进环境或生态系统再生之生态用途效益目的，并通过必要的标准与规划设定予以过程性确证。可在充实减少生产建设活动破坏环境的宣示性规定基础上，明晰推进环境无害化土地复垦在客体、方式、评估等方面

---

① 成金华、尤喆：《"山水林田湖草是生命共同体"原则的科学内涵与实践路径》，载《中国人口·资源与环境》2019年第2期。

② 孙婧：《发达国家矿区土地复垦对我国的借鉴与启示》，载《中国国土资源经济》2014年第7期。

③ 胡大伟：《从"恩惠"到"开发权共享"：水库移民补偿法研究》，知识产权出版社2017年版，第43页。

④ 刘玉珍、程军：《土地调整的普遍性习惯与法律性规定的冲突及其化解路径》，载《农村经济》2019年第3期。

的具体指标，进而将保护环境免受复垦作业不利影响纳入相关国土空间规划、土地整治规划、土地复垦规划的羁束性原则范围，并进一步强化该项原则所涉新型复垦技术手段研发与应用、政府扶持与鼓励等措施的“可执行性”①。此外，在结果验收面向，还应固化复垦项目生态用途效益评价指标在“基于所涉土地复垦标准、规划及方案要求”②设定之诸项验收指标中的权重比（30%），并将该类指标合格与否列为复垦验收“一票否决”事项，以凸显该类用途效益的制裁性约束效应。

（二）局部环境要素规范的表列干预扩张

我国局部环境要素规范的表列干预扩张，旨在尝试就所涉规范的要素列举和公权力干预事项予以必要充实、细化。

一方面，应在既有土壤和地下水环境要素表列规定的基础上，将空气、林地、鱼类和野生动植物等其他环境要素明确列入保护范围，抑或在其后增设“等环境要素”之概括性规定，以具体充实复垦所涉环境要素列举事项。但因复垦作业对各类环境要素不可避免的全面影响与可能的“非对称利益冲突”③，相应的环境要素保护位序亦应予以明确。基于各类要素的差异化可再生性与不可逆性，可考虑将已明确的土壤和地下水设定为基础环境要素，而优先于待增列的其他衍生环境要素予以保护。

另一方面，应细化各类环境要素的公权力干预事项，尝试从结果性干预推进至复垦诸环节的全过程干预。应首先确立自然

---

① 刘松山：《中国立法问题研究》，知识产权出版社2016年版，第153页。

② 赵谦：《机构建制与治理：土地复垦监管组织条款的规范分析》，载《东方法学》2018年第5期。

③ 吴泽斌、刘卫东：《试论耕地保护的非对称利益冲突》，载《资源科学》2010年第7期。

资源(国土资源)行政部门主导、其他相关职能部门协同之“一元复合型”①干预主体配置机制。进而基于“中立性、参与性和公开性”②的最低限度要求,根据复垦行为人行为的主观恶性、对环境要素的破坏程度、被破坏环境要素的恢复成本等因素,来厘清所涉责令停止作业、责令即时止损与行政、刑事应急责任追究等措施的实施规程。此外,还应设定必要的干预临时救济措施。复垦义务人与权利人若因环境因素公权力干预,造成相应经济损失并提起复议或诉讼,争议处理期间,在不造成所涉环境因素二次损害的前提下,可向相关干预职能部门或法院寻求必要的“临时救济”③。

第二节　我国土地复垦立法的法益衡平

我国土地复垦立法在复垦所涉人文环境面向设定的“成为一定法的目的,并受到其保护”④之法益规范,存在“不同主体之间、不同区域之间的衡平”⑤选择掣肘。可尝试探究该类规范设定的调适化法益衡平进路。

---

① 赵谦:《互助与自足:土地复垦监管的共同体关系及功能》,载《暨南学报(哲学社会科学版)》2017 年第 8 期。

② 周佑勇:《行政法的正当程序原则》,载《中国社会科学》2004 年第 4 期。

③ 宋汉林:《民事临时救济制度比较研究——以程序正义为视角》,载《湖北社会科学》2013 年第 8 期。

④ 王保树:《论经济法的法益目标》,载《清华大学学报(哲学社会科学版)》2001 年第 5 期。

⑤ 史玉成:《生态利益衡平:原理、进路与展开》,载《政法论坛》2014 年第 2 期。

一、我国土地复垦立法在人文环境面向的法益选择掣肘

我国土地复垦立法在人文环境面向的法益规范设定，主要表征为社会"公共利益"[①]规范与公民"个体利益"[②]规范。该类规范设定存在的特殊性与实施性瑕疵，形成了相关立法在人文环境面向的法益选择掣肘。

（一）社会公共利益规范的一般性表达过于间接且缺失必要的特别保护规定

我国土地复垦立法的社会公共利益规范，旨在基于土地复垦活动关联之"生产和存在的源泉"[③]"社会发展的基础"[④]等考量要义的指引，通过对复垦所涉"公共事业需要"[⑤]的一般性设定与相关公共设施的特殊性约束，来实现该类活动的整全性社会公共利益表达。

既有规范设定，主要通过对土地、生态环境保护的原则性规定、倡议性禁止规定和关联性措施规定，来实现对复垦所涉社会公共利益的一般性表达，就"主体抽象、利益普惠、内容不确定以及易受侵害"[⑥]所表征的社会公共利益具体事项内容缺乏相对清晰的直接规定。例如，《条例》第4条"节约集约利用土地；采取

---

① 胡锦光、王锴：《论我国宪法中"公共利益"的界定》，载《中国法学》2005年第1期。

② 王锡锌：《利益组织化、公众参与和个体权利保障》，载《东方法学》2008年第4期。

③ 阎壮志、裴辅祥等主编：《土地管理》，北京农业大学出版社1991年版，第15页。

④ 王晶、张春红等：《城市生态社区建设研究》，吉林美术出版社2018年版，第14页。

⑤ 周义程：《公共利益、公共事务和公共事业的概念界说》，载《南京社会科学》2007年第1期。

⑥ 朱谦：《环境公共利益的法律属性》，载《学习与探索》2016年第2期。

有效措施”之原则性规定和第16条之“避免污染土壤和地下水”之倡议性禁止规定，虽然确立了所涉土、水资源事项的保护面向，但其公共事业需要的利益属性有待进一步明确。又如，《条例》第31条之“土地复垦效果跟踪评价”规定和《实施办法》第24条之“预防控制措施”规定、第27条之“损毁土地调查评价”规定，虽然大致明晰了保护相关社会公共利益的评价、预防性措施，但就该类措施适用于相应公共事业需要的具体利益关联有待进一步列明。此外，供水、道路等相关公共设施的特别保护，作为社会公共利益保护“正当性基础”[①]的自然延伸，在既有土地、生态环境保护规定之“资源可持续利用”[②]的一般性公共利益表达中没有涉及，而主观限缩了所涉社会公共利益的范围。

（二）公民个体利益规范的原则性列明与救济规程设定略显偏狭

我国土地复垦立法的公民个体利益规范，旨在基于土地复垦活动关联之“个体自由及其相互限制意义”[③]的指引，通过对复垦所涉各类公民个体利益的原则性列举与相应救济措施、程序设定，来实现该类活动的体系化公民个体利益表达。

既有规范设定，更多地基于财产性权益的“多元化、综合性、价值化”[④]趋向和公民参与在“个人、社会、政治、公共管理层面的

---

① 王剑一：《合同条款控制的正当性基础与适用范围——欧洲与德国的模式及其借鉴意义》，载《比较法研究》2014年第1期。

② 张洋：《论我国土地资源的可持续利用》，载《农村经济》2000年第10期。

③ 王小钢：《义务本位论、权利本位论和环境公共利益——以乌托邦现实主义为视角》，载《法商研究》2010年第2期。

④ 马俊驹、梅夏英：《财产权制度的历史评析和现实思考》，载《中国社会科学》1999年第1期。

价值和影响"①考量，而凸显对公民个体财产性权益和公共事务参与权利的原则性保护。例如，《条例》第9条之"表彰作出突出贡献的个人"规定、第19条之"向个人支付损失补偿费"规定、第23条之"谁投资谁受益"规定、第五章土地复垦激励措施之"退还耕地占用税、明确复垦后的土地使用和收益分配、给予补贴、补充耕地指标"规定和《实施办法》第16～21条之土地复垦费规定、第五章土地复垦激励措施之"退还耕地占用税、购买指标、补充耕地指标"规定，即从保护原则、保护对象与保护措施等方面就所涉公民个体财产性权益保护予以全面规定。又如，《条例》第28条、《实施办法》第36条之权利人参与"复垦验收"规定和《实施办法》第10条之"申请专家回避"规定，即明晰了相关复垦行为人在复垦验收和复垦方案论证环节的公共事务参与权利。但囿于"公共利益至上"②"个人牺牲或让渡私权"③等理念的影响，而未能实现对健康、安全等其他相关公民个体权益的全面列明。此外，在相应的救济措施、程序设定上，主要局限于《条例》第19条规定之"义务人支付损失补偿费"和"申请调解或提起民事诉讼"所表征的民事私权救济途径，必要的行政公权救济途径亦应予以补正。

二、我国土地复垦立法的调适化法益衡平进路

可尝试探究我国土地复垦立法在社会公共利益规范和公民

---

① 党秀云：《公民社会与公共治理》，国家行政学院出版社2014年版，第79～81页。

② 杨桦、王成明：《简论我国行政诉讼期间制度的缺陷及重构》，载《行政法学研究》2007年第1期。

③ 高富平：《个人信息使用的合法性基础——数据上利益分析视角》，载《比较法研究》2019年第2期。

个体利益规范两方面的法益衡平进路。

(一)社会公共利益规范的一般性与特殊性之法益补正

我国社会公共利益规范的一般性与特殊性之法益补正,旨在尝试就所涉规范的社会公共利益事项所涉法益内容予以适当补正。

一方面,应在既有土地、生态环境保护原则性规定、倡议性禁止规定和关联性措施规定的基础上,进一步厘清所涉社会公共利益的具体事项内容。土地复垦是一种改善作为公共服务基础设施之损毁土地的典型自然资源事业活动。所涉"节约集约利用土地"原则应设定为相应公共事业需要的利益宗旨属性,进而依循该项宗旨原则来明晰土地复垦所涉社会公共利益的国土资源属性范围。所涉"避免污染"之倡议性禁止应设定为相应公共事业需要的最低限度利益表达,尝试通过该类消极防御式规范结构设定的指引效应,来推动更为理想化之土地复垦所涉国土资源范围利益的良善利用而切实提升资源承载能力,并基于此来完成必要的积极请求式规范结构设定转向。所涉"评价、预防控制"之关联性措施应设定为相应公共事业需要的利益协调手段,而强调通过事前预防控制、调查评价与事后跟踪评价等方式,来实现相关利益协调的前置性、持续化干预。

另一方面,应设定相关公共设施的特别保护事项,尝试扩张所涉社会公共利益的范围。可将与社会公众"人身性环境、经济利益"①关联性较强的供水、道路等公共设施纳入《条例》第8条、第43条规定之"土地复垦设施"的延伸范围。从其与土地复垦工

① 唐绍均、蒋云飞:《论基于利益分析的"环境优先"原则》,载《重庆大学学报(社会科学版)》2016年第5期。

程、设备产生直接功用或间接功用两个方面，来类型化列明所涉公共设施的范围，而分别予以“不得破坏”之禁止性规范设定和追究相应行政、刑事责任之制裁性规范设定。若与土地复垦工程、设备产生直接功用，则应设定为确保土地复垦工程顺利作业前提下的绝对禁止，以及凸显“假定、处理和制裁”[①]三阶联动效应之制裁性规范的羁束性适用。若与土地复垦工程、设备产生间接功用，则应设定为允许一定程度内土地复垦工程作业环境设施自然耗损前提下的相对禁止，以及凸显财产性赔偿下恢复原状优位或“提高农地耕作效率”[②]优位之制裁性规范的裁量性适用。

（二）公民个体利益规范的列明与救济之法益扩张

我国公民个体利益规范的列明与救济之法益扩张，旨在尝试就所涉规范的公民个体利益事项所涉法益内容予以必要扩张。

一方面，应在既有公民个体财产性权益和公共事务参与权利原则性保护规定的基础上，适当增加健康、安全等其他相关公民个体权益规定。可在《条例》第 4 条、《实施办法》第 2 条之土地复垦原则规定中增加“保护权利人合法权益”的宣示性表述。既有规定未涉及的健康、安全等其他相关公民个体权益，亦应明晰其事项范围。土地复垦所涉健康、安全权益，主要指向工程作业人员与工程项目影响人员。土地复垦工程作业人员的健康、安全权益，可通过必要的指引式非确定性规范设定，来实现与既有职业健康劳动保护、安全管理规定的规范联结。土地复垦工程项目影响人员的健康、安全权益，可设定相应的列举式确定性规范，就

---

① 张志铭：《法律规范三论》，载《中国法学》1990 年第 6 期。

② 韩宁：《中华人民共和国成立以来农村土地经营政策演进研究》，载《重庆理工大学学报（社会科学）》2020 年第 3 期。

工程作业可能造成的噪声、水、大气等污染和社会安全环境变化予以明确规定，并将之纳入既有公众环境权益保护体系和社会治安综合治理体系一并保护。但因该类其他公民个体权益于土地复垦活动中的间接衍生性，在个体利益保护位序设定方面，应将其置于与土地复垦活动直接关联性更强的财产性权益和参与权利之后。

另一方面，应在既有救济措施、程序设定所表征的民事私权救济途径基础上，尝试充实必要的行政公权救济途径。应从调解程序设置、调解结果效力乃至可能的调解救济前置设定各方面，厘清自然资源（国土资源）行政部门作为主要公权力干预主体在《条例》第 19 条规定之“调解”活动中的具体干预事项。并在强调保障各类公权力干预主体积极有效地行使权力的前提下，将其实施现场监管或技术化非现场监管所致对公民个体利益可能的程序性侵害，列入公民个体利益救济事项排除范围。此外，亦应基于“充分保护原则”①，设定必要的专项救助资金给付、应急许可审批、紧急保全措施等临时救济事项。

小　结

对我国土地复垦立法在自然环境与人文环境两类面向的功能规范设定与法益规范设定研究后发现，我国相应规范设定分别存在一定的功能调适与法益选择掣肘。一方面，可尝试推动我国

① 冯洋：《论个人数据保护全球规则的形成路径——以欧盟充分保护原则为中心的探讨》，载《浙江学刊》2018 年第 4 期。

所涉整体生态效益规范的协调互动性校正、所涉局部环境要素规范的表列干预扩张，以达致该类规范设定的平衡化功能整合。另一方面，可尝试促进我国所涉社会公共利益规范的一般性与特殊性之法益补正、所涉公民个体权益规范的列明与救济之法益扩张，以达致该类规范设定的调适化法益衡平。基于此，可初步检视我国土地复垦立法规范的整全性，以加快我国土地复垦立法的规范完善进程。

第七章　土地复垦监管的要素完善论

我国的土地复垦作为一种土地整治活动，即是“对人为和自然损毁的土地，因地制宜地采取整治措施，使其恢复到可供利用的期望状态的行动或过程”①。相应的监管皆指有关政府职能部门根据相关规范设定，基于必要的绩效目的考量，对该类活动所进行的监督与规制。

我国的土地复垦立法先后围绕 1988 年《土地复垦规定》(失效)和《条例》，逐步确立了“涉及制定标准、编制专项规划、方案审查、年报与信息监测、资金与项目管理、质量验收

---

① 胡振琪等编著:《土地复垦与生态重建》，中国矿业大学出版社 2008 年版，第 5 页。

等方面的监管体系”[①]。但在所指引的土地复垦监管行为过程中,仍存在所涉监管主体“权责划分不明确”[②]、损毁土地识别相关“技术标准不完备”[③]“共同责任机制尚未建立”[④]等问题。且相关规范设定“过于原则,缺乏可操作性”[⑤],阻滞了“损毁土地复垦补充耕地360万亩,复垦率达到45%以上”[⑥]之土地复垦预期规模、绩效目标的顺利达成。

不妨尝试探寻我国土地复垦立法在监管主体、监管客体和监管法律责任之监管要素相关规范设定方面可能的完善路径,为有效监督、规制土地复垦活动提供更为科学、有序的行为指引。应在土地复垦监管主体所涉组织架构和职权配备事项设定中,凸显权益保障化、效率化、效益化、程序化之服务型要义;应在土地复垦监管客体所涉损毁土地的界定基准、规程事项设定中,凸显实用性、可操作性、制约型、阶段化之标准化要义;应在土地复垦监管法律责任所涉罚则设定和责任减免事项设定中,凸显惩罚性、矫正性、可行性、国家动态干预之复合化要义。

---

① 赵谦:《互助与自足:土地复垦监管的共同体关系及功能》,载《暨南学报(哲学社会科学版)》2017年第8期。

② 贺振伟、白中科等:《中国土地复垦监管现状与阶段性特征》,载《中国土地科学》2012年第7期。

③ 周妍、白中科等:《中国土地复垦监管体系问题与对策》,载《中国土地科学》2014年第2期。

④ 国土资源部土地整治中心:《土地整治蓝皮书:中国土地整治发展研究报告(No.1)》,社会科学文献出版社2014年版,第114页。

⑤ 杨慧娟:《采矿塌陷区土地复垦立法及完善》,载《中国土地》2012年第1期。

⑥ 《国土资源部　国家发展和改革委员会关于印发〈全国土地整治规划(2016~2020年)〉的通知》,载中国土地学会网,http://www.clss.org.cn/xwdt/201703/t20170301_1441285.htm。

第一节 确立我国土地复垦监管机构设置的服务型理念

确立监管机构设置的服务型理念，即是在我国土地复垦监管主体所涉组织架构和职权配备事项设定中，尝试基于“向公民本位、社会本位、权利本位回归”①，凸显权益保障化、效率化、效益化、程序化之服务型要义。可从提升监管工作人员职业素养、明晰监管职能部门权责界分、完善土地复垦费运营行权规范 3 个方面具体推进。

一、土地复垦监管机构设置有待完善

当前土地复垦监管人员监管意识较弱，常常造成监管不够，且“多数省份仍然未能建立土地复垦监管专门机构，未能明确土地复垦专职管理人员”②，监管职能部门之间“没有形成相互配合的协作机制，各部门缺乏有效的沟通与合作”③，皆不足以为监管机构合理、高效运营提供必备人力资源、组织载体保障。

土地复垦费运营行权规范虽然规定较多，但在价值取向和具体规则设定上仍存在不少问题。例如，《条例》第 18 条将“损毁前的土地类型、实际损毁面积、损毁程度、复垦标准、复垦用途和

---

① 刘熙瑞、段龙飞：《服务型政府：本质及其理论基础》，载《国家行政学院学报》2004 年第 5 期。

② 周妍、白中科等：《中国土地复垦监管体系问题与对策》，载《中国土地科学》2014 年第 2 期。

③ 胡志刚、李玲等：《矿山土地复垦存在的问题与对策》，载《承德石油高等专科学校学报》2011 年第 1 期。

完成复垦任务所需的工程量等”，列为确定土地复垦费数额的考量因素，《实施办法》第16～20条具体设定了土地复垦费的预存程序，2000年《湖南省耕地开垦费土地复垦费征收使用管理办法》第2～4条也就土地复垦费的征收标准与程序予以明确规定。该类规范大体上将土地破坏程度和复垦工作量设置为确定征收数额的核心指标，将分类足额预存和专户协议监管设定为相应征收程序的基本要义，从而确立了土地复垦费征收行权基本规程。但该类规范更多地置于土地复垦监管部门有效实施监督与规制的立场而设定，较少从复垦义务人角度予以合理考量。

又如，《条例》第18条明确了土地复垦费专款专用的基本原则，《实施办法》第21～23条设定了土地复垦费使用、监管的主要流程，2000年《湖南省耕地开垦费土地复垦费征收使用管理办法》第5～8条也就土地复垦费使用拨款程序及收支管理予以明确规定。该类规范大体上将申请、核准、支取、报告、查核设置为土地复垦费管理行权的基本环节，但各个环节的具体运作规程设定却较为模糊。此外，整体管理行权环节设定，更多地将所规制的土地复垦费指向为复垦义务人的一类保障性经营成本，从而弱化其应有的惩罚性。

二、提升监管工作人员职业素养

应基于服务型行政理念凸显之权益保障化要义，推动土地复垦监管职能部门工作人员职业素养同步提升。具体可从所涉行政公务人员的行政观念和行权能力两方面推进土地复垦“在位”监管。

一方面，优化监管工作人员行政观念。《土地管理法》(1986年制定，1988年、1998年、2004年、2019年修改)第67条之“应当熟悉土地管理法律、法规，忠于职守、秉公执法”规定，即为包括土地复垦监管职能部门工作人员在内的“土地管理监督检查人员”之行政观念优化指明了方向。“提高依法行政能力的关键是大力促使行政公务人员普遍树立起现代行政法治观念。”①应强化所涉行政公务人员的定向、专门法制教育，以明确其为各类、各位阶“土地管理法律、法规”所设定的责任权限认知；还应凸显所涉行政公务人员的“人本理念”②教育，以强化其“忠于职守、秉公执法”所尊重、保护相对人尊严与权利之权益保障意识。

另一方面，改善监管工作人员行权能力。《土地管理法实施条例》（1998 年制定，2011 年、2014 年修改）第 31 条之“应当经过培训，经考核合格后，方可从事土地管理监督检查工作”规定，即为包括土地复垦监管职能部门工作人员在内的“土地管理监督检查人员”之行权能力改善指明了方向。应从“培训、考核”所涉包括土地复垦监管在内的土地管理法律知识和专业化程度较高的土地复垦业务本身所涉“地貌重塑工程、土体再造工程、土壤改良培肥工程、植被重建工程”③等技术知识入手，通过有针对性的“初任培训、专门业务培训和更新知识培训”④，以及能“确保组织的整体绩效能够达标并不断得到改善”⑤的考核机制，从理论知识与实践操作两方面切实提升所涉行政公务人员的行权能力。

---

① 莫于川：《以人为本·柔性管理·公众参与·和谐社会——透过典型案例看行政法制革新的方向》，载《政法论丛》2007 年第 2 期。

② 申来津、叶敏：《法治政府的人本理念与路径选择》，载《学术论坛》2007 年第 6 期。

③ 周孝编著：《土地复垦理论与技术》，中国社会出版社 2006 年版，第 43～80 页。

④ 韩国明、刘玉泉：《西方国家公务员培训制度对我国的借鉴意义》，载《行政与法（吉林省行政学院学报）》2004 年第 9 期。

⑤ 刘昕：《我国公务员考核制度的创新及其实施建议》，载《经济与管理研究》2007 年第 5 期。

三、明晰监管职能部门权责界分

应基于服务型行政理念凸显之效率化、效益化要义，设定建制完备、联动协同的监管职能部门权责体系。具体可从所涉行政公务部门的机构建制和联动协同机制两方面明晰土地复垦监管职能部门权责界分。

一方面，落实土地复垦主要监管部门的机构建制。《条例》第5条将“国土资源主管部门”确立为土地复垦主要监管部门，《实施办法》第3条规定“应当明确专门机构并配备专职人员”负责相应监管工作，即就土地复垦主要监管部门的机构建制事项予以效率化指引。则既应厘清该“专门机构”的名称、性质、经费来源和机构本身及其内设职能部门的具体职责，还应明确所涉“专职人员”的职数、编制事项，以确保主要监管部门的监管效率。事实上，国家层面负责土地复垦工作的职能部门是“自然资源部国土空间生态修复司”①，监督检查职责由该部门对口行使。具体监管工作往往由作为事业单位的“土地整治中心”或“土地整理中心”所代表之“国家—省—市—县四级土地整治机构”②进行。应基于此，将“土地整治机构界定为经国土资源行政部门授权的监管执行部门，由该类机构行使相关项目运营各个环节的具体监管职权，授权的行政部门则行使监管相关规划、规程、规范、标准之宏观决策职权”③，进而具体查核、补正各级土地复垦主要监管

---

① 《国土空间生态修复司》，载中华人民共和国自然资源部网，http://www.mnr.gov.cn/jg/jgsz/nsjg/201809/t20180912_2188288.html。

② 《国土资源部　国家发展和改革委员会关于印发〈全国土地整治规划（2016～2020年）〉的通知》，载中国土地学会网，http://www.clss.org.cn/xwdt/201703/t20170301_1441285.htm。

③ 赵谦：《基于农民认知的土地整理监管共治式建构》，载《西北农林科技大学学报（社会科学版）》2016年第4期。

部门的属性、职责、编制等机构建制事项。

另一方面,确立土地复垦辅助监管部门与主要监管部门之间的联动协同机制。《条例》第5条规定“其他有关部门依照本条例的规定和各自的职责做好土地复垦有关工作”,《实施办法》第3条规定“国土资源主管部门应当加强”与其他相关部门的“协同配合和行业指导监督”,即就土地复垦辅助监管部门与主要监管部门之间的联动协同事项予以效益化指引。“发展改革、财政、城乡规划、铁路、交通、水利、环保、农业、林业等”相关部门即是土地复垦辅助监管部门。应厘清所涉行政公务部门在土地复垦监管过程中的职责界分,分别列举“全过程监管、资金监管、绩效监管和人员监管”[①]的实施部门与具体监管范围,并明确各自分工协作事项内容,以确保联动协同机制下的最大监管效益。所确立的土地复垦监管联动协同机制,应以国土部门为主,以财政、审计、纪检监察等其他相关部门为辅。该类“一元复合型”[②]监管,旨在凸显政府的既有监管权威,强化各相关部门在“部门权力清单制度”[③]约束前提下的合作、互动,以切实发挥各司其职、齐抓共管的整体联动效应。

四、完善土地复垦费运营行权规范

应基于服务型行政理念凸显之程序化要义,设定合理、合规地征收、管理土地复垦费所涉公权力行使规范,为监管机构科学、有序行使相应职权提供基本范式指引。具体可从土地复垦费征收行权和管理行权两方面完善土地复垦费运营行权规范。

---

① 赵谦:《互助与自足:土地复垦监管的共同体关系及功能》,载《暨南学报(哲学社会科学版)》2017年第8期。

② 赵谦:《互助与自足:土地复垦监管的共同体关系及功能》,载《暨南学报(哲学社会科学版)》2017年第8期。

③ 任进:《推行政府及部门权力清单制度》,载《行政管理改革》2014年第12期。

一方面，充实土地复垦费征收行权规范。事实上，土地复垦费征收是针对土地复垦义务人的一种“负担行政行为”[①]。既有征收行权规范所疏漏的事前“行政公开”[②]“行政协商”[③]程序和事后“行政救济”[④]程序，应在征收行权基本规程中予以相应补正，以充分保障复垦义务人必要的知情权、监督权及救济权。

另一方面，细化土地复垦费管理行权规范。应在更进一步细化各环节运作规程的基础上，从既有预存的土地复垦费中分离出一部分或另行缴存一部分复垦履约保证金，根据复垦义务人的实际复垦状况及质量，决定该保证金是否返还以及返还比例。最终确立更为合理、合规的程序化“‘土地复垦费＋土地复垦保证金’的复合型保障惩罚机制”[⑤]。

第二节　健全我国损毁土地的标准化识别规范

健全损毁土地的标准化识别规范，即是在我国土地复垦监管客体所涉损毁土地的界定基准、规程事项设定中，凸显实用性、可操作性、制约型、阶段化之标准化要义。可从明确损毁土地界定

---

① 姜明安主编：《行政法与行政诉讼法》（第5版），高等教育出版社、北京大学出版社2011年版，第198页。

② 章剑生：《论行政程序法上的行政公开原则》，载《浙江大学学报（人文社会科学版）》2000年第6期。

③ 蔡武进：《现代行政法治理念下的行政协商——一种诠释现代行政法治理念之行政方式》，载《天津行政学院学报》2013年第3期。

④ 应松年：《完善我国的行政救济制度》，载《江海学刊》2003年第1期。

⑤ 赵谦：《互助与自足：土地复垦监管的共同体关系及功能》，载《暨南学报（哲学社会科学版）》2017年第8期。

基准、厘清损毁土地界定规程两个方面具体推进。

一、损毁土地识别规范有待完善

既有相关规范设定没有就损毁土地界定规程予以设置，虽有部分规范设定涉及损毁土地界定基准，但较为粗疏。

例如，《条例》第 10 条将“地表挖掘、地表塌陷、固体废弃物压占、临时占用”损毁设置为“生产建设活动损毁土地”的基本类型。该类规范虽然就损毁土地界定所涉直接危害指标予以方向性确认，但未涉及相关“间接土地破坏”[①]指标，且没有规定“历史遗留损毁土地和自然灾害损毁土地”的基本类型，也未就各类损毁土地的不同共有特征之科学事实完成在相关规范事实层面上的类型化确认。又如，《条例》第 6 条规定应当“分类确定不同类型损毁土地的复垦方式、目标和要求”。该类规范虽然确认了损毁土地界定的差异性事实，但未就具体差异性指标要素予以明确规定，而影响了其因地而制宜的可操作性。

二、明确损毁土地界定基准

应基于标准化识别规范凸显之实用性、可操作性要义，设定清晰的损毁土地划分、判定指标规范，为科学界定损毁土地提供必要依据。具体可从普适化指标与差异化指标两方面明确损毁土地界定基准。

一方面，就损毁土地界定的普适性指标予以实用化列举。应基于损毁土地的“环境污染、环境破坏、地质灾害”[②]之共有特征，而在相关规范设定中将土地产出率低下、地质构造破坏、生态系统失衡与生产生活妨碍罗列为各类损毁土地的 4 项一级测评指

---

① 周孝编著：《土地复垦理论与技术》，中国社会出版社 2006 年版，第 1 页。

② 付梅臣、王金满等编著：《土地整理与复垦》，地质出版社 2007 年版，第 129 页。

标。并基于此设置“损毁土地基准测评附表”，就各项一级指标完成更进一步的二级、三级指标数值量化，以清晰界分土地的不同损毁级别，为后续相应标准的土地复垦规划设计与工程投入提供实用化指引。

另一方面，就损毁土地界定的差异性指标要素予以可操作化概括。事实上，“不同的地区因其自然条件、土地利用方式等不同，损毁土地有不同的形式及内涵”①。应将“自然灾害损毁、煤炭钢铁基地损毁、有色金属钢铁化工基地损毁、高速公路沿线损毁、高铁沿线损毁和南水北调水利工程损毁”②6 类主要土地复垦区域概括为损毁土地界定的差异性指标要素。根据前述“损毁土地基准测评附表”，并结合 6 类区域的不同损毁特征、复垦实施影响因素，分别设置相应的“自然灾害损毁土地专项测评附表”等 6 类“专项测评附表”。这 6 类区域以外的损毁土地测评，根据“基准测评附表”量化分级；这 6 类区域以内的损毁土地测评，则根据“基准测评附表”和相应区域的“专项测评附表”一并量化分级，各占权重比的 50%。

三、厘清损毁土地界定规程

应基于标准化识别规范凸显之制约型、阶段化要义，设定明确的损毁土地划分、判定步骤与流程规范，为科学界定损毁土地提供行为方式指引。具体可从界定主体与界定环节两方面厘清损毁土地界定规程。

---

① 高和平、于艳华：《内蒙古村镇损毁土地界定及复垦整理技术探析》，载《内蒙古师范大学学报（自然科学汉文版）》2010 年第 1 期。

② 《国土资源部　国家发展和改革委员会关于印发〈全国土地整治规划（2016～2020 年）〉的通知》，载中国土地学会网，http://www.clss.org.cn/xwdt/201703/t20170301_1441285.htm。

一方面,确立损毁土地界定主体制约型工作机制。《条例》第21条将“国土资源主管部门”设置为通过“调查评价”来界定损毁土地的主导职能部门,《实施办法》第10～11条、第35～36条则将“土地复垦专家库”中的专家、“同级农业、林业、环境保护等有关部门”和“农村集体经济组织代表”一并纳入土地复垦监管联动协同机制中。可围绕这四方成员来确立损毁土地界定主体制工作机制。“国土资源主管部门”作为主导职能部门具体设计“调查评价”方案,并作出损毁土地认定初步结果;“土地复垦专家库”中的专家参与方案设计和初步结果认定,并提交专家论证意见书;作为协同职能部门的“同级农业、林业、环境保护等有关部门”,和作为“土地复垦权利人”[①]代表之“农村集体经济组织代表”一道,即是“调查评价”方案和初步结果的监督确认方,签字确认后所涉方案、结果则正式生效。

另一方面,设置阶段化损毁土地界定环节。《实施办法》第29条就“历史遗留损毁土地认定结果”复议程序设定了“公告”、“复核”与“裁定”3个环节,即为各类损毁土地的阶段化划分、判定环节设置指明了基本方向。“历史遗留损毁土地和自然灾害损毁土地”与“生产建设活动损毁土地”的界定环节设置大体一致,区别在于发起界定环节设置有所不同。前者应以“国土资源主管部门”依职权主动进行的土地“调查评价”环节为起点,后者则应以所涉土地复垦权利人主动申请并由“国土资源主管部门”被动实施的土地“调查评价”环节为起点。为确保“调查成果的科学

① 赵谦:《互助与自足:土地复垦监管的共同体关系及功能》,载《暨南学报(哲学社会科学版)》2017年第8期。

性、规范性、一致性和横向可比性”①,应“集成应用现有资料提取法、影像判读法、GIS 空间分析法、专家经验调查法、调查询问法、实地调查测量法等多种调查方法”②。最终,在调查评价环节之后,相继设置认定过程环节、结果公告环节、结果复核环节和申请裁定环节。其中,前3 个环节为损毁土地界定的必经阶段,后两个环节则为损毁土地界定争议的救济阶段。

第三节　设定我国复合化的土地复垦监管责任形式

设定复合化的监管责任形式,即是在我国土地复垦监管法律责任所涉罚则设定和责任减免事项设定中,凸显惩罚性、矫正性、可行性、国家动态干预之复合化要义。“法律责任作为法律义务履行的保障机制和法律义务违反的校正机制,其合理与否及合理性程度的高低,决定了法治的有无及法治实现的程度。”③可从有序强化土地复垦制裁性规范、适度扩张土地复垦保护性规范两个方面具体推进。

一、土地复垦法律责任规范有待完善

既有相关规范设定的惩罚性较弱,“难以实现预期的惩戒与

① 李晶、刘燕萍等:《历史遗留损毁土地调查内容与调查方法探讨》,载《地理与地理信息科学》2013 年第 3 期。

② 徐婵:《辽宁省历史遗留和自然灾害损毁土地调查》,载《测绘与空间地理信息》2017 年第 3 期。

③ 龚向和:《论法律责任的合理性》,载《法律科学(西北政法学院学报)》1998 年第 6 期。

预防效果”[①]。例如,《条例》第37～43条明确设置了土地复垦违法行为所涉财产罚事项,并将该类责任形式设定为主要罚则规范。相应的罚款数额设置主要为“10万元以上20万元以下”(1项)、“10万元以上50万元以下”(2项)、“2万元以上5万元以下”(2项)这5项幅度定额财产罚,仅“应当进行表土剥离的土地面积处每公顷1万元”和“应缴纳土地复垦费1倍以上2倍以下”这两项动态倍数财产罚。该类规范虽然列明了具体的罚款标准,但就所涉违法行为的危害性和可能的非法获益而言,其设定的财产罚惩处力度明显偏低。以最高罚款数额50万元所涉“将重金属污染物或者其他有毒有害物质用作回填或者充填材料”为例,“2015年下达专项资金279,315万元,用于30个地市加快推进重金属污染综合防治”[②],即清晰表明,该类违法行为的处罚数额与其危害后果及治理成本相比是极不相称的。

又如,《条例》的“法律责任”专章设定以行政法律责任为主,以刑事法律责任为补充。所涉行政法律责任除前述财产罚外,还设置了“责令限期改正”(4项)和“责令改正”“责令停止违法行为”“责令限期缴纳”“吊销采矿许可证”(各1项)这8项能力罚以及“给予处分”“予以治安管理处罚”(各1项)。所涉刑事法律责任在第36条、第43条分别设置了3项“构成犯罪的,依法追究刑事责任”。该类规范设定下的刑事法律责任并非所涉违法行为的首选制裁方式,往往只是相关行政法律责任不足以实现制裁前提下的递增惩罚选项,而在一定程度上弱化了其惩罚性。

---

① 刘超:《我国页岩气开发土地复垦制度之缺陷与矫正——基于〈环境保护法〉视阈》,载《南京工业大学学报(社会科学版)》2016年第4期。

② 《中央下达专项资金约28亿元支持30地市防治重金属污染》,载中国政府网,http://www.gov.cn/xinwen/2015-07/02/content_2889015.htm。

此外,既有相关规范设定皆根据违法行为情形及其结果设置相应的绝对法律责任,并未从行为人主观层面出发考量其致损原因,而设置相对法律责任下的归责范围。例如,《条例》第13条就“本条例施行前、后”的相应行为情形予以一定规定,但并未根据“法的溯及力例外”①具体事由,基于国家动态干预要义,展开详细的减免复垦义务之类型化设定。

二、有序强化土地复垦制裁性规范

应基于复合化监管责任形式凸显之惩罚性、矫正性要义,设定相对明确、周延的土地复垦监管罚则规范,为切实惩处土地复垦违法行为提供基本路径指引。具体可从惩处力度和制裁方式两方面有序强化土地复垦制裁性规范。

一方面,适当加强所涉财产罚的惩处力度。“如果没有合法有效的行政处罚制度,那么社会公共利益和秩序将得不到保障。”②则应根据不同土地复垦违法行为情形,既要将幅度定额罚逐步调整为动态倍数罚,也要就倍数罚款基准予以适当调整,更多地围绕违法行为可能的非法获益和危害测评结果来设定相应的罚款倍数。最终在财产罚数额设置上,设定与危害后果及治理成本相对一致的标准,以加强所涉财产罚的惩处力度,从而增加责任主体的违法成本。

另一方面,合理拓宽所涉法律责任的制裁方式。应针对既有可能触发刑事法律责任的3类违法行为(土地复垦监管“直接负责的主管人员和其他直接责任人员”的违法行为、土地复垦义务

① 朱力宇:《关于法的溯及力问题和法律不溯既往原则的若干新思考》,载《法治研究》2010年第5期。

② 胡建淼:《行政法学》(第4版),法律出版社2015年版,第228页。

人妨碍监管违法行为、破坏土地复垦违法行为)，择其危害性更强者直接对接相应罪名，而将所涉刑事法律责任设定为首选制裁方式。例如，“破坏土地资源罪”[①]或“非法占用农用地罪”[②]。此外，还应在既有行政法律责任之财产罚、能力罚的基础上，于“《土地管理法》修改”[③]中适当增加一定的人身自由罚。例如，针对无正当理由拒不履行复垦义务、故意造成恶劣社会影响的土地复垦违法行为，可就相关直接责任人员予以一定程度的拘留处罚。

三、适度扩张土地复垦保护性规范

应基于复合化监管责任形式凸显之可行性、国家动态干预要义，设定相对公平、合理的土地复垦监管责任减免规范，为适当减免复垦义务人所涉法律责任提供必要依据。具体可从限定归责范围和溯及力减免两方面适度扩张土地复垦保护性规范。

一方面，合理限定生产建设活动损毁土地的归责范围。应就形成各类生产建设活动损毁土地的“原因力”[④]展开对比分析，凸显可行性前提下合理限定所涉行为人的归责范围。首先，若因作为土地复垦义务人之生产建设活动主体的主观过错造成土地损

---

① 《最高人民法院关于审理破坏土地资源刑事案件具体应用法律若干问题的解释》，载北大法宝网2000年6月19日，http://www.pkulaw.cn/fulltext_form.aspx?Db=chl&Gid=7e4d12138acc1570bdfb&keyword=&EncodingName=&Search_Mode=like&Search_IsTitle=0。

② 潘庸鲁、包涵：《土地资源的刑法保护研究——兼论非法占用农用地罪》，载《河南省政法管理干部学院学报》2009年第6期。

③ 《国土资源部关于〈中华人民共和国土地管理法(修正案)〉(征求意见稿)公开征求意见情况的公告》，载中华人民共和国自然资源部网，http://www.mnr.gov.cn/gk/tzgg/201707/t20170712_1992581.html。

④ 杨立新、梁清：《原因力的因果关系理论基础及其具体应用》，载《法学家》2006年第6期。

毁，则由该复垦义务人承担完全责任。其次，若因所涉土地相邻方的原因造成土地损毁，则作为该土地名义上之复垦义务人的生产建设活动主体应完全免责，由相邻方成为事实上的复垦义务人而承担相应责任。再次，若因所涉土地相邻方和该土地生产建设活动主体的共同原因造成土地损毁，则由双方根据各自造成损毁的结果，按比例承担复垦责任。最后，若因不可抗力等不能预见的客观原因造成土地损毁，则作为该土地复垦义务人的生产建设活动主体应完全免责，而归入自然灾害损毁土地范围，由作为主要监管部门的相应"国土资源主管部门"履行复垦责任。

另一方面，适当减免《条例》施行前即存续之复垦义务人的复垦义务。应根据"本条例施行前、后"的不同行为情形，设定相应的复垦义务减免准则。首先，在"本条例施行前"已办理完结相应手续或许可证，且从事生产建设活动造成土地损毁的复垦义务人，按照1988年《土地复垦规定》(失效)来履行复垦义务，不涉及《条例》设定义务的减免问题。其次，在"本条例施行前"已办理完结相应手续或许可证，但在"本条例施行后"才从事生产建设活动造成土地损毁的复垦义务人，应当给予一定的复垦费用补贴以减免其复垦义务，但最高不得超过实际复垦费用的50%。具体减免比例由主要监管部门根据实际情况自行决断。再次，在"本条例施行前"申请办理相应手续或许可证但尚未完结，在"本条例施行后"才从事生产建设活动造成土地损毁的复垦义务人，可以给予一定的复垦费用补贴以减免其复垦义务，但最高不得超过实际复垦费用的10%。是否减免以及具体减免比例，皆由主要监管部门根据实际情况自行决断。最后，在"本条例施行后"才申请办理相应手续或许可证，并从事生产建设活动造成土地损毁的复垦义务人，不得予以义务减免。但若复垦义务人承担复垦费用确有困难,复垦工程难以为继,作为主要监管部门的相应"国土资源主管部门"应先行垫付而完成复垦工程,但保留随时向复垦义务人追偿复垦费用的权利。

小　结

对我国土地复垦立法在监管主体、监管客体和监管法律责任3个方面的监管要素规范设定展开类型化研究后发现,我国相应规范设定分别存在一定的权责划分不明确、损毁土地识别技术标准不完备、共同责任机制有待完善等问题。首先,可尝试从监管机构设置理念方面来推动完善我国土地复垦立法,即在我国土地复垦监管主体所涉组织架构和职权配备事项设定中,凸显权益保障化、效率化、效益化、程序化之服务型要义。可从提升监管工作人员职业素养、明晰监管职能部门权责界分、完善土地复垦费运营行权规范3个方面具体推进。其次,可尝试从损毁土地识别规范方面推动完善我国土地复垦立法,即在我国土地复垦监管客体所涉损毁土地的界定基准、规程事项设定中,凸显实用性、可操作性、制约型、阶段化之标准化要义。可从明确损毁土地界定基准、厘清损毁土地界定规程两个方面具体推进。最后,可尝试从监管责任形式方面推动完善我国土地复垦立法,即在我国土地复垦监管法律责任所涉罚则设定和责任减免事项设定中,凸显惩罚性、矫正性、可行性、国家动态干预之复合化要义。可从有序强化土地复垦制裁性规范、适度扩张土地复垦保护性规范两个方面具体推进。基于此,可初步检视我国土地复垦立法监管要素面向的规范整全性,以加快我国土地复垦立法的规范完善进程。

结　语

本书以“土地复垦监管的共同体属性论”“土地复垦监管的组织规范论”“土地复垦监管的行为选择论”“土地复垦监管的行为规制论”“土地复垦监管的行为体系论”“土地复垦监管的理念进阶论”“土地复垦监管的要素完善论”7章，系统完成土地复垦监管的行政法释义学研究，并得出以下结论：

第一，土地复垦监管共同体这一理想类型应具备的特有属性，主要表现为互助性关系属性和自足性功能属性。土地复垦监管共同体成员之间的互助往往基于土地复垦监管主体、土地复垦责任主体和土地复垦权利人这三方共同体成员彼此间的有机结合而实现；土地复垦监管共同体与其成员之间的互助则往往基于相互依附前提下，土地复垦监管共同体与共同体各方成员生成的默认一致行动而实现。土地复垦监管共同体系统调整功能的自足性，往往通过土地复垦监管共同体中预设权威所推进的良性治理而显现出来；土地复垦监管共同体纠纷解决功能的自足性，则往往通过土地复垦监管共同体成员之间的相互帮助，以及共同体对其成员的充分保障而显现出来。基于此，在土地复垦监管实践活动中，探寻践行共同体理论以证成该理想类型的可行途径，可从厘清土地复垦监管法律关系和完善土地复垦监管规范设定两个方面展开。一方面，土地复垦监管法律关系的主体即是3类土地复垦监管当事人；土地复垦监管法律关系的客体即是土地复垦监管活动所指向的相应物、精神财富和行为；土地复垦监管法律关系的内容则是3类主体各自相应的权力与责任、权利与义务。另一方面，调整土地复垦监管规范设定理念，即是确立存在于土地复垦监管规范设定中的评价规则与软法规则；确立土地复垦监管主体规范，即是对“一元复合型”土地复垦监管体制完成规范确认；健全土地复垦权属规范，即是就复垦前、后土地的4类权属设置事项予以差别化、可操作化规定；设定土地复垦保证金规范则是在确立复合型保障惩罚机制的前提下，就保证金的属性、缴纳方式、运营规程及阶段性返还标准予以系统化规定。

第二，土地复垦监管组织条款的规范分析，即是基于机构能力这一“回应型法”命题，在法释义学范式的指引下，围绕土地复垦监管之微观领域印证、反思行政组织法所涉行政权配置、公务员管理理论的基本制度载体，来探讨所涉机构建制、治理要义的规范评判与规范设定命题。首先，就存续于土地复垦相关规范性法律文件中的监管机构建制条款和监管机构治理条款，予以归类和定性；其次，围绕所涉法律机构的“权威必须是开放的和参与性的”之结构性要义，具体从“鼓励协商、决策理由说明、欢迎批评、合理性检验”4 个方面就所涉规范予以评价或判断,发现其在部门协同、职权互动、任职保障、框架性制裁规范设定上存在缺失;最后,基于相应规范评判的结果,探寻规制机构建制、治理事项之土地复垦监管组织条款契合于相应“提升机构能力”要求的规范设定路径。其一,应在横向协商式协同理念指引下,厘清土地复垦各环节监管中“鼓励协商”所涉协同部门的职责事项与协商范围。其二,应在相对人有效监督监管过程理念指引下,厘清土地复垦各环节监管中“欢迎批评”所涉主导、协同监管部门的职权事项、信息公开事项。其三,应在切实提升监管人员履职能力理念指引下,厘清土地复垦监管人员“决策理由说明”所需学科专业知识与实务操作技能之履职能力准入、可持续事项。其四,应在双向内部制裁权威理念指引下,厘清土地复垦监管内部制裁“合理性检验”所需被惩戒人向度下认同所涉权威、参与制裁程序以及补正制裁方式事项。

第三,经过现实性之合作实践中的相关性与来源维度检视,可以证成合作治理范式在土地复垦监管行为领域展开具体运用的达致可能。并通过所涉行为形式选择之厘清,在一定程度上印证、具象了行政行为法理论的该类发展任务命题,从而可为土地复垦监管行为的系统、科学规制,以及所涉监管制度的治理型行为规范建构指明方向。既有土地复垦监管行为方面存在诸多现实问题的肇因,往往由相应土地复垦监管行为规范的不健全所致。事实上,该类法律规范主要散见于我国的低位阶规范性法律文件中,相关规定虽旨在凸显其实施性与可操作性,但在 5 个行为环节的系统化、类型化规范设定上仍存在不少疏漏。土地复垦监管过程必须超越“命令—服从”式单向性、强制性行政管理模式,所涉行为规范设定有必要在行政行为法理论指引下引入合作治理范式，以有效凸显平等、协商决策与共识导向所表征的合作理念。进而基于该范式在利益导向、载体工具以及协同组织之行为形式选择意愿3个方面呈现的耦合面向，识别、评判既有的土地复垦监管行为规范，尝试探究指引土地复垦监管检查验收、信息报备、行政审批、资金监管和行政处罚诸类行政行为契合于合作治理范式的规制要义。

第四，合作监管在当事人维度的命令控制型规制策略和自我规制策略分别彰显，蕴含了相应的理念模式与素质结构要求，可依循该进路解析所涉主观型式化行政行为活动方式命题。土地复垦监管与合作监管的价值预设是基本契合的，经过在该类合作监管领域中行为活动方式之行政行为理论发展任务命题的具象化，可以明晰主观型式化行政行为活动方式在行为理念模式和素质结构要求两个方面的诠释面向。一方面，诠释土地复垦合作监管行为的开放性控制理念模式，应围绕所涉模式规范，解析鼓励协商式协同监管所表征的系统化控制策略、协商合作式公众参与所表征的多元化控制策略和阶段性过程监管所表征的过程化控制策略。另一方面，诠释土地复垦合作监管行为的衡平化自律素质结构要求，应围绕所涉素质规范，解析所涉监管当事人的利益表达与反馈所表征的利益协调策略，以及权责内化与协商外化所表征的服务整合策略。进而在一定程度上明晰了土地复垦合作监管行为在命令控制型规制与自我规制层面的规范设定方向，有必要基于此尝试构建一种双轨化规制策略指引下的互动治理型土地复垦监管行为规范。

第五，经过在土地复垦合作监管领域中行政行为法理论所涉行为素质、行为协同与行为互动命题的印证与具象，可以厘清该类合作监管行为在客观严密化行政行为活动方式下的素质结构、行政协同与信息互动事项。首先,应从相关当事人的认知与评价能力要素两方面,提升行为素质命题所涉能力要素。认知能力要素有赖于相应的理性判断建构与行为选择指引,评价能力要素则需通过相应的反馈实效与行为规程来彰显。其次,应从相关当事人的对口协商平台与事项两方面,弥合行为协同命题所涉资源、地位分歧。有必要设立土地复垦监管联席会议等对口协商平台,并基于差异化监管权责范围设定来明晰相应的制度监管与结果监管对口协商事项。最后,应从相关当事人的主动与被动之信息传递环节事项设定两方面,确保行为互动命题所涉信息无障碍化公开。有必要实现双向度之定向服务式信息公开,分类列明主动发布信息的结构事项,并进一步厘清被动信息公开的申请主体范围与信息公开范围。基于此,土地复垦监管行为与合作治理的素质、协同与互动要义在相关制度层面是大体契合的,有必要在合作治理范式指引下探究所涉规范设定瑕疵的完善面向。

第六,对我国土地复垦立法在自然环境与人文环境两类面向的功能规范设定与法益规范设定展开类型化研究后发现,我国相应规范设定分别存在一定的功能调适与法益选择不协调。一方面,可尝试推动我国所涉整体生态效益规范的协调互动性校正、所涉局部环境要素规范的表列干预扩张,以达致该类规范设定的平衡化功能整合。另一方面,可尝试促进我国所涉社会公共利益规范的一般性与特殊性之法益补正、所涉公民个体权益规范的列明与救济之法益扩张,以达致该类规范设定的调适化法益衡平。基于此,可初步检视我国土地复垦立法监管理念面向的规范整全性,以加快我国土地复垦立法的规范完善进程。

第七,对我国土地复垦立法在监管主体、监管客体和监管法律责任 3 个方面的监管要素规范设定展开类型化研究后发现,我国相应规范设定分别存在一定的权责划分不明确、损毁土地识别技术标准不完备、共同责任机制有待完善等问题。首先,可尝试从监管机构设置理念方面推动完善我国土地复垦立法,即在我国土地复垦监管主体所涉组织架构和职权配备事项设定中,凸显权益保障化、效率化、效益化、程序化之服务型要义。其次,可尝试从损毁土地识别规范方面推动完善我国土地复垦立法,即在我国土地复垦监管客体所涉损毁土地的界定基准、规程事项设定中,凸显实用性、可操作性、制约型、阶段化之标准化要义。最后,可尝试从监管责任形式方面推动完善我国土地复垦立法,即在我国土地复垦监管法律责任所涉罚则设定和责任减免事项设定中,凸显惩罚性、矫正性、可行性、国家动态干预之复合化要义。基于此,可初步检视我国土地复垦立法监管要素面向的规范整全性,以加快我国土地复垦立法的规范完善进程。

上述研究结论初步完成了本书的预设研究内容,即发现土地复垦监管具体问题并提供因应策略,而从具体领域来印证、反思行政法总论的知识体系所涉行政法价值取向、行政组织法、行政行为法、行政救济法等相关理论。或许本书研究所针对的土地复垦监管问题略显小众,学界共鸣性较为偏狭,虽在部门行政法研究范式上有一定印证、反思效应,但该研究的典型性、示范性、普遍性仍有待进一步检验。在今后的学习、工作中,有必要将之纳入耕地保护与土地整治法治命题乃至更为宏大的土地管理法律制度深入变革研究中进一步拓展、深化,而努力使之更臻完满。后续应对土地复垦监管问题展开进一步的类型化精细研究,深入梳理本书没有专章系统关注的土地复垦年报、土地复垦费、土地复垦法律责任问题;并尝试通过实证调查分析,就公众参与土地复垦监管问题展开更为科学的监管事实研究。

参考文献

一、中文文献

(一)著作类

[1]孙钱章:《实用领导科学大辞典》,山东人民出版社 1990 年版。

[2]阎壮志、裴辅祥等主编:《土地管理》,北京农业大学出版社 1991 年版。

[3]张小华:《土地行政法》,中国人事出版社 1993 年版。

[4]方世荣:《论具体行政行为》,武汉大学出版社 1996 年版。

[5]王卫国:《中国土地权利研究》,中国政法大学出版社 1997 年版。

[6]邓伟志:《变革社会中的政治稳定》,上海人民出版社 1997 年版。

[7]杨建顺:《日本行政法通论》,中国法

制出版社1998年版。

[8]皮纯协:《新土地管理法理论与适用》,中国法制出版社1999年版。

[9]马怀德:《行政法制度建构与判例研究》,中国政法大学出版社2000年版。

[10]方世荣:《论行政相对人》,中国政法大学出版社2000年版。

[11]沈宗灵:《法理学》,北京大学出版社2000年版。

[12][美]埃莉诺·奥斯特罗姆:《公共事物的治理之道——集体行动制度的演进》,余逊达、陈旭东译,上海三联书店2000年版。

[13]张正钊、李元起:《部门行政法研究》,中国人民大学出版社2000年版。

[14]张文显:《法哲学范畴研究》(修订版),中国政法大学出版社2001年版。

[15]俞可平:《全球化:全球治理》,社会科学文献出版社2003年版。

[16]章志远:《行政行为效力论》,中国人事出版社2003年版。

[17]石佑启:《论公共行政与行政法学范式转换》,北京大学出版社2003年版。

[18][德]哈贝马斯:《在事实与规范之间:关于法律和民主法治国的商谈理论》,童世骏译,生活·读书·新知三联书店2003年版。

[19]高向军:《土地整理理论与实践》,地质出版社2003年版。

[20][英]齐格蒙特·鲍曼:《共同体:在一个不确定的世界中寻找安全》,欧阳景根译,江苏人民出版社2003年版。

[21]罗豪才:《现代行政法制的发展趋势》,法律出版社2004年版。

[22]杨海坤、章志远:《中国行政法基本理论研究》,北京大学出版社2004年版。

[23]陈小君等:《农村土地法律制度研究:田野调查解读》,中国政法大学出版社2004年版。

[24]茅铭晨:《政府管制法学原论》,上海财经大学出版社2005年版。

[25][德]韦伯:《法律社会学》,康乐、简惠美译,广西师范大学出版社2005年版。

[26]刘俊:《中国土地法理论研究》,法律出版社2006年版。

[27]周孝编著:《土地复垦理论与技术》,中国社会出版社2006年版。

[28]梁治平:《国家、市场、社会:当代中国的法律与发展》,中国政法大学出版社2006年版。

[29]罗豪才等:《软法与公共治理》,北京大学出版社2006年版。

[30]黄小虎主编:《新时期中国土地管理研究》(上卷),当代中国出版社2006年版。

[31]黄小虎主编:《新时期中国土地管理研究》(下卷),当代中国出版社2007年版。

[32][英]齐格蒙特·鲍曼:《共同体》,欧阳景根译,江苏人民出版社2007年版。

[33]付梅臣、王金满等编著:《土地整理与复垦》,地质出版

社 2007 年版。

[34]马英娟:《政府监管机构研究》,北京大学出版社 2007 年版。

[35]徐向华:《地方性法规法律责任的设定——上海市地方性法规的解析》,法律出版社 2007 年版。

[36][日]盐野宏:《行政法Ⅲ(第三版)行政组织法》,杨建顺译,北京大学出版社 2008 年版。

[37]杨海坤、章志远:《中国特色政府法治论研究》,法律出版社 2008 年版。

[38]关保英:《自然资源行政法新论》,中国政法大学出版社 2008 年版。

[39]刘俊:《土地法所有权国家独占研究》,法律出版社 2008 年版。

[40]廖洪乐:《中国农村土地制度六十年——回顾与展望》,中国财政经济出版社 2008 年版。

[41]罗豪才、宋功德:《软法亦法　公共治理呼唤软法之治》,法律出版社 2009 年版。

[42]咸鸿昌:《英国土地法律史——以保有权为视角的考察》,北京大学出版社 2009 年版。

[43]宋志红:《集体建设用地使用权流转法律制度研究》,中国人民大学出版社 2009 年版。

[44]陈小君等:《后农业税时代农地法制运行实证研究》,中国政法大学出版社 2009 年版。

[45]夏征农、陈至立:《辞海》(第 6 版),上海辞书出版社 2009 年版。

[46]马怀德:《法治背景下的社会预警机制和应急管理体系

研究》,法律出版社 2010 年版。

[47]陈小君等:《农村土地法律制度的现实考察与研究 中国十省调研报告书》,法律出版社 2010 年版。

[48][美]朱迪·弗里曼:《合作治理与新行政法》,毕洪海、陈标冲译,商务印书馆 2010 年版。

[49]蒲坚主编:《中国历代土地资源法制研究》(修订版),北京大学出版社 2011 年版。

[50]姜明安主编:《行政法与行政诉讼法》(第 5 版),北京大学出版社 2011 年版。

[51][美]尤金·巴达赫:《跨部门合作:管理“巧匠”的理论与实践》,周至忍、张弦译,北京大学出版社 2011 年版。

[52]朱启臻:《农民参与土地管理的理论与实践》,中国农业大学出版社 2011 年版。

[53]石佑启、黄新波:《我国大部制改革中的行政法问题研究》,知识产权出版社 2012 年版。

[54]陈小君等:《农村土地问题立法研究》,经济科学出版社 2012 年版。

[55]石佑启、杨治坤:《论部门行政职权相对集中》,人民出版社 2012 年版。

[56]吴春岐:《中国土地法体系构建与制度创新研究》,经济管理出版社 2012 年版。

[57][德]施密特·阿斯曼:《秩序理念下的行政法体系建构》,林明锵等译,北京大学出版社 2012 年版。

[58]石佑启、陈咏梅:《行政体制改革及其法治化研究:以科学发展观为指引》,广东教育出版社 2013 年版。

[59]秦勇:《“土地财政”法律规制改革研究》,中国政法大学

出版社 2013 年版。

[60]李沫:《激励型监管研究:以行政法学为视角》,法律出版社 2013 年版。

[61]方世荣、邓佑文等:《“参与式行政”的政府与公众关系》,北京大学出版社 2013 年版。

[62]章志远:《行政任务民营化法制研究》,中国政法大学出版社 2014 年版。

[63]赵谦:《宪法依据问题研究——以我国土地整理立法为例》,人民出版社 2014 年版。

[64]金自宁:《风险中的行政法》,法律出版社 2014 年版。

[65]陈军:《变化与回应:公私合作的行政法研究》,中国政法大学出版社 2014 年版。

[66]国土资源部土地整治中心:《土地整治蓝皮书:中国土地整治发展研究报告(No.1)》,社会科学文献出版社 2014 年版。

[67]梅丽萍:《走向聪明型监管:中国基本医疗保险监管的模式和路径》,中国经济出版社 2014 年版。

[68][美]曼瑟尔·奥尔森:《集体行动的逻辑》,陈郁、郭宇峰等译,格致出版社、上海三联书店、上海人民出版社 2014 年版。

[69]党秀云:《公民社会与公共治理》,国家行政学院出版社 2014 年版。

[70]沈开举主编:《中国土地制度改革研究》,法律出版社 2014 年版。

[71]李洪雷:《行政法释义学:行政法学理的更新》,中国人民大学出版社 2014 年版。

[72]宋华琳:《药品行政法专论》,清华大学出版社 2015 年版。

[73]胡建淼:《行政法学》(第4版),法律出版社2015年版。

[74][美]马克·艾伦·艾斯纳:《规制政治的转轨》(第2版),尹灿译,中国人民大学出版社2015年版。

[75][英]A. C. L. 戴维斯:《社会责任:合同治理的公法探析》,杨明译,中国人民大学出版社2015年版。

[76]余建新、郑宏刚等:《土地整治体系》,中国科学技术出版社2015年版。

[77]柳正权:《法治类型与中国法治》,武汉大学出版社2015年版。

[78]李亮:《法律责任条款规范化设置研究》,中国社会科学出版社2016年版。

[79]臧雷振:《国家治理:研究方法与理论建构》,社会科学文献出版社2016年版。

[80]周妍、张继栋等:《土地复垦管理方法与途径》,中国大地出版社2016年版。

[81]姜明安等:《行政程序法典化研究》,法律出版社2016年版。

[82]方世荣、谭冰霖等:《回应低碳时代 行政法的变革与发展》,中国社会科学出版社2016年版。

[83]石佑启、陈咏梅:《法治视野下行政权力合理配置研究》,人民出版社2016年版。

[84][英]Stephen P. Osborne:《新公共治理?——公共治理理论和实践方面的新观察》,包国宪、赵晓军等译,科学出版社2016年版。

[85]胡恒松:《产融结合监管问题及制度创新研究》,中国经济出版社2016年版。

[86]刘松山:《中国立法问题研究》,知识产权出版社 2016 年版。

[87]章志远:《部门行政法专论》,法律出版社 2017 年版。

[88][英]罗伯特·鲍德温、[英]马丁·凯夫等编:《牛津规制手册》,宋华琳、李鸻等译,上海三联书店 2017 年版。

[89]孙建伟:《城乡统筹视野下的城乡建设用地置换法律问题研究——以我国宅基地置换中的新型权利为视角》,法律出版社 2017 年版。

[90][美]米歇尔·刘易斯－伯克、[美]艾伦·布里曼等:《社会科学研究方法百科全书》(第 3 卷),赵锋、王玥等译,重庆大学出版社 2017 年版。

[91]伏创宇:《核能规制与行政法体系的变革》,北京大学出版社 2017 年版。

[92]曹昌伟:《侵权法上的违法性研究》,中国政法大学出版社 2017 年版。

[93]胡大伟:《从“恩惠”到“开发权共享”:水库移民补偿法研究》,知识产权出版社 2017 年版。

[94][英]科林·斯科特:《规制、治理与法律:前沿问题研究》,安永康译,清华大学出版社 2018 年版。

[95]吕世伦:《法理念探索》,黑龙江美术出版社 2018 年版。

[96]宋海宏、苑立等主编:《城市生态与环境保护》,东北林业大学出版社 2018 年版。

[97]程雪阳:《中国地权制度的反思与变革》,上海三联书店 2018 年版。

[98]王晶、张春红等:《城市生态社区建设研究》,吉林美术出版社 2018 年版。

[99]刘洋:《农村土地综合整治探析》,河海大学出版社2019年版。

[100]赵秀梅:《土地空间权法律问题研究》,法律出版社2019年版。

[101]蔡乐渭:《土地征收补偿问题研究》,中国民主法制出版社2019年版。

[102]高飞编:《集体土地征收法制改革研究:法理反思与制度重构》,中国政法大学出版社2019年版。

[103]甘藏春:《当代中国土地法若干重大问题研究》,中国法制出版社2019年版。

[104]周晖:《农村土地征收与补偿法律制度研究》,中国农业出版社2019年版。

[105]陈维君:《农村土地纠纷多元化解决机制研究》,厦门大学出版社2019年版。

[106]严金明、沈悦:《全域土地整治功能单元规划研究:以北京市海淀区为例》,中国大地出版社2019年版。

[107]蒋涛:《英国土地信托法发展演变研究》,法律出版社2019年版。

[108]于新民、于斯惟编著:《中国历代土地制度概要》,民主与建设出版社2019年版。

[109]严金明编著:《土地法学》,中国人民大学出版社2020年版。

[110]袁震:《我国农村土地地权冲突与协调法律问题研究》,法律出版社2020年版。

[111]王永长:《中国土地所有制“二元结构”研究》,上海财经大学出版社2020年版。

[112]连宏萍:《中国土地政策创新实践研究》,中国经济出版社2021年版。

[113]陈亚东:《农村土地整治与交易研究》,人民出版社2020年版。

[114]袁震:《农民土地权利论》,法律出版社2020年版。

(二)期刊论文类

[1]罗国杰:《论道德境界》,载《哲学研究》1981年第3期。

[2]贺善征:《分类行政法与部门行政法》,载《河北法学》1987年第3期。

[3]王毅:《现行条块管理体制的剖析》,载《西北大学学报(哲学社会科学版)》1989年第2期。

[4]张文显:《中国步入法治社会的必由之路》,载《中国社会科学》1989年第2期。

[5]张志铭:《法律规范三论》,载《中国法学》1990年第6期。

[6]龚奎洪:《自我中心化思维探源》,载《浙江学刊》1993年第6期。

[7]关保英:《论市场经济与部门行政法及其独立》,载《法商研究(中南政法学院学报)》1995年第4期。

[8]杨建顺:《关于行政行为理论与问题的研究》,载《行政法学研究》1995年第3期。

[9]张成福:《论公共行政的“公共精神”——兼对主流公共行政理论及其实践的反思》,载《中国行政管理》1995年第5期。

[10]符坚:《“实践精神”内涵探析》,载《学术研究》1996年第8期。

[11]还强:《建立土地开发复垦资金的监管机制》,载《浙江

财税与会计》1996 年第 10 期。

[12]应松年、薛刚凌:《行政组织法与依法行政》,载《行政法学研究》1998 年第 1 期。

[13]姜明安、沈岿:《法治原则与公共行政组织——论加强和完善我国行政组织法的意义和途径》,载《行政法学研究》1998 年第 4 期。

[14]龚向和:《论法律责任的合理性》,载《法律科学(西北政法学院学报)》1998 年第 6 期。

[15]薛刚凌:《我国行政主体理论之检讨——兼论全面研究行政组织法的必要性》,载《政法论坛》1998 年第 6 期。

[16]马俊驹、梅夏英:《财产权制度的历史评析和现实思考》,载《中国社会科学》1999 年第 1 期。

[17]王万茂:《土地用途管制的实施及其效益的理性分析》,载《中国土地科学》1999 年第 3 期。

[18]李傲:《未型式化行政行为初探》,载《法学评论》1999 年第 3 期。

[19]冀蓓红:《浅议土地复垦承包合同》,载《云南法学》1999 年第 4 期。

[20]宋华琳、邵蓉:《部门行政法研究初探》,载《浙江省政法管理干部学院学报》2000 年第 2 期。

[21]罗豪才、宋功德:《现代行政法学与制约、激励机制》,载《中国法学》2000 年第 3 期。

[22]黄金荣:《法的形式理性论——以法之确定性问题为中心》,载《比较法研究》2000 年第 3 期。

[23]章剑生:《论行政程序法上的行政公开原则》,载《浙江大学学报(人文社会科学版)》2000 年第 6 期。

[24]宋永寿:《从管理、控权到服务与合作——我国行政法发展的历程与方向》,载《现代法学》2000 年第 6 期。

[25]张洋:《论我国土地资源的可持续利用》,载《农村经济》2000 年第 10 期。

[26]应松年、薛刚凌:《行政组织法基本原则之探讨》,载《行政法学研究》2001 年第 2 期。

[27]李春燕:《行政信赖保护原则研究》,载《行政法学研究》2001 年第 3 期。

[28]应松年、陈天本:《政府信息公开法律制度研究》,载《国家行政学院学报》2002 年第 4 期。

[29]赵乃才:《公务员能力培训及其效果研究》,载《行政论坛》2002 年第 5 期。

[30]孟鸿志:《论部门行政法的规范和调整对象》,载《中国法学》2001 年第 5 期。

[31]王保树:《论经济法的法益目标》,载《清华大学学报(哲学社会科学版)》2001 年第 5 期。

[32]高民政、刘胜题:《民主权威化与权威民主化》,载《南京社会科学》2001 年第 5 期。

[33]黄蕙萍:《环境要素禀赋和可持续性贸易》,载《武汉大学学报(社会科学版)》2001 年第 6 期。

[34]杨解君:《论契约在行政法中的引入》,载《中国法学》2002 年第 2 期。

[35]马新彦:《信赖规则之界定》,载《法制与社会发展》2002 年第 3 期。

[36]黄学贤:《行政法中的信赖保护原则》,载《法学》2002 年第 5 期。

[37]应松年、陈天本:《政府信息公开法律制度研究》,载《国家行政学院学报》2002 年第 4 期。

[38]王晓栋、毛其智:《基于综合时空数据模型的包头市郊区土地监测信息系统》,载《清华大学学报(自然科学版)》2002 年第 6 期。

[39]应松年:《完善我国的行政救济制度》,载《江海学刊》2003 年第 1 期。

[40]王保树:《竞争与发展:公司法改革面临的主题》,载《现代法学》2003 年第 3 期。

[41]孙柏瑛:《全球化时代的地方治理:构建公民参与和自主管理的制度平台》,载《教学与研究》2003 年第 11 期。

[42]胡宜:《解读合作困境的四个维度》,载《开放时代》2004 年第 2 期。

[43]杨寅:《公私法的汇合与行政法演进》,载《中国法学》2004 年第 2 期。

[44]周进生:《矿区土地复垦规划研究》,载《国土资源》2004 年第 3 期。

[45]周佑勇:《行政法的正当程序原则》,载《中国社会科学》2004 年第 4 期。

[46]莫于川、林鸿潮:《论当代行政法上的信赖保护原则》,载《法商研究》2004 年第 5 期。

[47]黄锡生、关慧:《环境伦理观与生物多样性法律保护的相关问题》,载《广东社会科学》2004 年第 6 期。

[48]韩国明、刘玉泉:《西方国家公务员培训制度对我国的借鉴意义》,载《行政与法(吉林省行政学院学报)》2004 年第 9 期。

[49]胡锦光、王锴:《论我国宪法中“公共利益”的界定》,载《中国法学》2005 年第 1 期。

[50]石佑启:《论公共行政变革与行政行为理论的完善》,载《中国法学》2005 年第 2 期。

[51]张翔:《基本权利的双重性质》,载《法学研究》2005 年第 3 期。

[52]王鸿:《浅析国家审计人员职业准入与遴选制度》,载《中国审计》2005 年第 4 期。

[53]王太高:《论机关诉讼——完善我国行政组织法的一个思路》,载《河北法学》2005 年第 9 期。

[54]师学义、陈丽:《我国矿区土地复垦利用的困境——产权与政策层面分析》,载《能源环境保护》2006 年第 2 期。

[55]余凌云:《部门行政法的发展与建构:以警察(行政)法学为个案的分析》,载《法学家》2006 年第 5 期。

[56]姜明安:《软法的兴起与软法之治》,载《中国法学》2006 年第 2 期。

[57]王海明:《论道德共同体》,载《中国人民大学学报》2006 年第 2 期。

[58]季春东:《绩效评估:公务员培训中重要但未被重视的视域》,载《唯实》2006 年第 2 期。

[59]时磊、许艳:《英美“决策—执行”二分改革比较研究》,载《中国海洋大学学报(社会科学版)》2006 年第 4 期。

[60]周旺生:《法的功能和法的作用辨异》,载《政法论坛》2006 年第 5 期。

[61]杨立新、梁清:《原因力的因果关系理论基础及其具体应用》,载《法学家》2006 年第 6 期。

[62]孟卧杰:《沟通:实现人性化执法的有效保障》,载《云南行政学院学报》2006年第6期。

[63]柳砚涛、刘宏渭:《行政法的嬗变:由公法到公私法合一》,载《甘肃政法学院学报》2006年第6期。

[64]马清利、从第胜等:《矿井土地复垦区地籍管理中地籍调查研究》,载《淮南职业技术学院学报》2007年第1期。

[65]张翔:《功能适当原则与宪法解释模式的选择——从美国"禁止咨询意见"原则开始》,载《学习与探索》2007年第1期。

[66]杨建顺:《论行政评价机制与参与型行政》,载《北方法学》2007年第1期。

[67]杨桦、王成明:《简论我国行政诉讼期间制度的缺陷及重构》,载《行政法学研究》2007年第1期。

[68]周义程:《公共利益、公共事务和公共事业的概念界说》,载《南京社会科学》2007年第1期。

[69]胡敏洁:《给付行政与行政组织法的变革——立足于行政任务多元化的观察》,载《浙江学刊》2007年第2期。

[70]莫于川:《以人为本·柔性管理·公众参与·和谐社会——透过典型案例看行政法制革新的方向》,载《政法论丛》2007年第2期。

[71]马英娟:《监管机构与行政组织法的发展——关于监管机构设立根据及建制理念的思考》,载《浙江学刊》2007年第2期。

[72]马英娟:《监管与经济激励:中国行政法学面临的新课题》,载《中国社会科学院研究生院学报》2007年第2期。

[73]马克昌:《论宽严相济刑事政策的定位》,载《中国法学》2007年第4期。

[74]刘昕:《我国公务员考核制度的创新及其实施建议》,载《经济与管理研究》2007年第5期。

[75]蔺丰奇、刘益:《信息过载问题研究述评》,载《情报理论与实践》2007年第5期。

[76]何立胜、樊慧玲:《政府社会性规制的成本与收益分析》,载《中州学刊》2007年第5期。

[77]颜春龙:《网络环境下政府信息公开的范式选择》,载《中央社会主义学院学报》2007年第5期。

[78]申来津、叶敏:《法治政府的人本理念与路径选择》,载《学术论坛》2007年第6期。

[79]罗杰群:《服务型政府的构建与社会阶层和谐的实现》,载《中国行政管理》2007年第11期。

[80]金国坤:《行政协作法律机制研究》,载《河北法学》2008年第1期。

[81]陈德敏、薛婧媛:《中国土壤污染现状与法律责任解读》,载《重庆大学学报(社会科学版)》2008年第1期。

[82]操小娟:《合作治理的法律困境和出路》,载《武汉大学学报(哲学社会科学版)》2008年第2期。

[83]郑春燕:《行政任务变迁下的行政组织法改革》,载《行政法学研究》2008年第2期。

[84]李清伟:《论服务型政府的法治理念与制度构建》,载《中国法学》2008年第2期。

[85]王锡锌:《利益组织化、公众参与和个体权利保障》,载《东方法学》2008年第4期。

[86]章剑生:《知情权及其保障——以〈政府信息公开条例〉为例》,载《中国法学》2008年第4期。

[87]蒋红珍:《论协商性政府规制——解读视角和研究疆域的初步厘定》,载《上海交通大学学报(哲学社会科学版)》2008年第5期。

[88]薛刚凌:《行政组织法发展缺位之检讨》,载《江苏社会科学》2008年第5期。

[89]高世昌:《中国土地开发整理监管研究》,载《资源与产业》2008年第5期。

[90]张康之:《论参与治理、社会自治与合作治理》,载《行政论坛》2008年第6期。

[91]王锡锌:《公众参与:参与式民主的理论想象及制度实践》,载《政治与法律》2008年第6期。

[92]杨桦:《论电子政务与行政组织法的创新》,载《武汉大学学报(哲学社会科学版)》2008年第6期。

[93]杨振绪:《论精神境界》,载《学术论坛》2008年第7期。

[94]邓海娟、黄利红:《大部制改革与行政组织法的完善》,载《江西社会科学》2008年第7期。

[95]张莉:《法国土地征收公益性审查机制及其对中国的启示》,载《行政法学研究》2009年第1期。

[96]付景涛、倪星:《论地方政府在绩效评估中的理性选择——以珠海市为例》,载《岭南学刊》2009年第2期。

[97]谢晖:《论规范分析方法》,载《中国法学》2009年第2期。

[98]孟宪素、李少帅:《遥感技术在土地整理复垦开发项目监管工作中的应用实践》,载《资源与产业》2009年第2期。

[99]湛中乐、苏宇:《论政府信息公开排除范围的界定》,载《行政法学研究》2009年第4期。

[100]鲁鹏宇:《论行政法学的阿基米德支点——以德国行政法律关系论为核心的考察》,载《当代法学》2009 年第 5 期。

[101]潘庸鲁、包涵:《土地资源的刑法保护研究——兼论非法占用农用地罪》,载《河南省政法管理干部学院学报》2009 年第 6 期。

[102]金丹、卞正富:《国内外土地复垦政策法规比较与借鉴》,载《中国土地科学》2009 年第 10 期。

[103]张晓玲、刘康等:《坚守 18 亿亩耕地红线不动摇》,载《求是》2009 年第 21 期。

[104]高和平、于艳华:《内蒙古村镇损毁土地界定及复垦整理技术探析》,载《内蒙古师范大学学报(自然科学汉文版)》2010 年第 1 期。

[105]彭卫兵、张晓敏:《农村土地流转的再审视——以农村人多地少的基本矛盾为视角》,载《中国土地科学》2010 年第 1 期。

[106]宋华琳:《部门行政法与行政法总论的改革——以药品行政领域为例证》,载《当代法学》2010 年第 2 期。

[107]程琳琳:《矿区土地复垦保证金制度实践现状及研究进展》,载《中国矿业》2010 年第 1 期。

[108]王伯鲁:《技术困境及其超越问题探析》,载《自然辩证法研究》2010 年第 2 期。

[109]王小钢:《义务本位论、权利本位论和环境公共利益——以乌托邦现实主义为视角》,载《法商研究》2010 年第 2 期。

[110]漆国生:《公共服务中的公众参与能力探析》,载《中国行政管理》2010 年第 3 期。

[111]蔡定剑:《中国公众参与的问题与前景》,载《民主与科学》2010 年第 5 期。

[112]朱力宇:《关于法的溯及力问题和法律不溯既往原则的若干新思考》,载《法治研究》2010 年第 5 期。

[113]朱前星:《社会整合与执政党的功能调适》,载《马克思主义与现实》2010 年第 5 期。

[114]姜明安:《完善软法机制,推进社会公共治理创新》,载《中国法学》2010 年第 5 期。

[115]杨颖:《立法语言:从模糊走向明确》,载《政法论丛》2010 年第 6 期。

[116]吴泽斌、刘卫东:《试论耕地保护的非对称利益冲突》,载《资源科学》2010 年第 7 期。

[117]张纯辉:《法律语言模糊性的成因探析》,载《河北法学》2010 年第 9 期。

[118]柯华庆:《法律经济学视野下的农村土地产权》,载《法学杂志》2010 年第 9 期。

[119]许军、李笑一等:《我国矿区土地复垦的主要问题及其对策》,载《中国煤炭》2010 年第 12 期。

[120]王俊龙:《整全性:逻辑新论——以中西思想交叉结合的三条思路为线索》,载《河南大学学报(社会科学版)》2011 年第 1 期。

[121]胡志刚、李玲等:《矿山土地复垦存在的问题与对策》,载《承德石油高等专科学校学报》2011 年第 1 期。

[122]罗豪才、宋功德:《行政法的治理逻辑》,载《中国法学》2011 年第 2 期。

[123]孟展、杨文杰等:《土地开发整理项目监管制度建设探

讨》,载《资源与产业》2011 年第 3 期。

[124]李钧鹏:《何谓权力——从统治到互动》,载《华中科技大学学报(社会科学版)》2011 年第 3 期。

[125]沈岿:《行政自我规制与行政法治:一个初步考察》,载《行政法学研究》2011 年第 3 期。

[126]周佑勇:《裁量基准的制度定位——以行政自制为视角》,载《法学家》2011 年第 4 期。

[127]孙发锋:《从条块分割走向协同治理——垂直管理部门与地方政府关系的调整取向探析》,载《广西社会科学》2011 年第 4 期。

[128]王凌燕:《公民行政参与的困境与出路》,载《学术界》2011 年第 5 期。

[129]刘先江:《论当前我国利益共享的机制障碍及其调适》,载《当代世界与社会主义》2011 年第 6 期。

[130]赖静萍、刘晖:《制度化与有效性的平衡——领导小组与政府部门协调机制研究》,载《中国行政管理》2011 年第 8 期。

[131]丁江、黄愈等:《土地整理复垦项目竣工验收与后评价指标体系研究及应用系统开发》,载《中国土地科学》2011 年第 9 期。

[132]崔艳、白中科等:《土地复垦资金保障初探》,载《金属矿山》2011 年第 9 期。

[133]沈开举:《当代中国行政组织法的发展与反思》,载《学习论坛》2011 年第 9 期。

[134]石佑启、陈咏梅:《论社会管理主体多元化与行政组织法的发展》,载《法学杂志》2011 年第 12 期。

[135]姜明安:《论行政裁量的自我规制》,载《行政法学研

究》2012 年第 1 期。

[136]杨慧娟:《采矿塌陷区土地复垦立法及完善》,载《中国土地》2012 年第 1 期。

[137]陈金钊:《警惕“可操作性”在法律思维中的标签化蔓延——从司法角度反思法律的可操作性》,载《国家检察官学院学报》2012 年第 1 期。

[138]任进:《行政组织法基本范畴与新课题》,载《北方法学》2012 年第 3 期。

[139]张康之:《合作治理是社会治理变革的归宿》,载《社会科学研究》2012 年第 3 期。

[140]赵谦:《专业合作社法实施中的农民参与困境及校正——以重庆为例》,载《法学》2012 年第 3 期。

[141]渠敬东:《项目制:一种新的国家治理体制》,载《中国社会科学》2012 年第 5 期。

[142]袁峰:《合作治理中的协商民主》,载《理论与改革》2012 年第 5 期。

[143]李沫:《协商性监管的挑战与应对》,载《社会主义研究》2012 年第 6 期。

[144]赵谦:《构建校园警务共同体之思考》,载《青少年犯罪问题》2012 年第 6 期。

[145]路文丽、郭颖良等:《土地复垦体系构建研究》,载《现代农业科技》2012 年第 6 期。

[146]李丽平:《矿山土地复垦难在哪里?——以辽宁省为例》,载《中国土地》2012 年第 7 期。

[147]贺振伟、白中科等:《中国土地复垦监管现状与阶段性特征》,载《中国土地科学》2012 年第 7 期。

[148]方杲、刘力贺:《在功利境界与道德境界之间的觉悟错位——现代道德困境的原因探析》,载《社会科学家》2012 年第 7 期。

[149]周伟、曹银贵等:《煤炭矿区土地复垦监测指标探讨》,载《中国土地科学》2012 年第 11 期。

[150]周敏:《行政执法类公务员胜任力素质技能标准研究——以税务系统公务员为例》,载《中国行政管理》2012 年第 12 期。

[151]杨松、王广平等:《中国药品监管能力评价指标体系研究》,载《中国药学杂志》2012 年第 14 期。

[152]周志忍、蒋敏娟:《中国政府跨部门协同机制探析——一个叙事与诊断框架》,载《公共行政评论》2013 年第 1 期。

[153]方世荣、谭冰霖:《"参与式行政"与行政行为理论的发展》,载《南京工业大学学报(社会科学版)》2013 年第 1 期。

[154]季卫东:《论法制的权威》,载《中国法学》2013 年第 1 期。

[155]赵春雷:《论政府信息公开中公众的体验及其改善路径》,载《南京师大学报(社会科学版)》2013 年第 1 期。

[156]李晶、刘燕萍等:《历史遗留损毁土地调查内容与调查方法探讨》,载《地理与地理信息科学》2013 年第 3 期。

[157]蔡武进:《现代行政法治理念下的行政协商——一种诠释现代行政法治理念之行政方式》,载《天津行政学院学报》2013 年第 3 期。

[158]包卫兵、徐培华:《年度土地卫片执法检查中的问题与建议》,载《国土资源》2013 年第 3 期。

[159]蔡岚:《合作治理:现状和前景》,载《武汉大学学报(哲

学社会科学版)》2013 年第 3 期。

[160]陆幸福:《论依申请公开政府信息之制度改进》,载《法学》2013 年第 4 期。

[161]简政珍:《转喻与抽象具象化》,载《北京大学学报(哲学社会科学版)》2013 年第 5 期。

[162]郁建兴、张利萍:《地方治理体系中的协同机制及其整合》,载《思想战线》2013 年第 6 期。

[163]王敬、肖文等:《浅析矿区土地复垦资金保障制度》,载《中国土地》2013 年第 6 期。

[164]郭彤荔:《南非矿山土地复垦及启示》,载《中国土地》2013 年第 6 期。

[165]朱腾:《原则化与规则化——〈春秋公羊传〉与〈春秋谷梁传〉所见周礼之实质化的两种路径》,载《法制与社会发展》2013 年第 6 期。

[166]宋汉林:《民事临时救济制度比较研究——以程序正义为视角》,载《湖北社会科学》2013 年第 8 期。

[167]张弘、白中科等:《矿山土地复垦公众参与内在机制及其利益相关者分析》,载《中国土地科学》2013 年第 8 期。

[168]黄科:《运动式治理:基于国内研究文献的述评》,载《中国行政管理》2013 年第 10 期。

[169]董芳:《如何界定公务员纪律惩戒中的处分决定机关》,载《中国监察》2013 年第 20 期。

[170]于立深:《多元行政任务下的行政机关自我规制》,载《当代法学》2014 年第 1 期。

[171]崔卓兰:《行政自制理论的再探讨》,载《当代法学》2014 年第 1 期。

[172]王剑一:《合同条款控制的正当性基础与适用范围——欧洲与德国的模式及其借鉴意义》,载《比较法研究》2014年第1期。

[173]李洪雷:《论互联网的规制体制——在政府规制与自我规制之间》,载《环球法律评论》2014年第1期。

[174]赵谦:《我国土地整理权属设置的宪法依据论》,载《法商研究》2014年第2期。

[175]史玉成:《生态利益衡平:原理、进路与展开》,载《政法论坛》2014年第2期。

[176]方世荣、谭冰霖:《论促进公民低碳行动的行政指导》,载《法学》2014年第2期。

[177]周妍、白中科等:《中国土地复垦监管体系问题与对策》,载《中国土地科学》2014年第2期。

[178]张成福:《开放政府论》,载《中国人民大学学报》2014年第3期。

[179]蔡武进:《行政治理视野下的行政协商》,载《北方法学》2014年第3期。

[180]蒋红珍:《治愈行政僵化:美国规制性协商机制及其启示》,载《华东政法大学学报》2014年第3期。

[181]孙良国:《论新〈消费者权益保护法〉中的主要规制技术》,载《当代法学》2014年第4期。

[182]周佑勇:《裁量基准的技术构造》,载《中外法学》2014年第5期。

[183]赵谦、窦继萍:《论土地整理监管法律关系》,载《湖北警官学院学报》2014年第5期。

[184]李永学:《我国矿山土地复垦存在的问题及建议》,载

《西部资源》2014 年第 5 期。

[185]戚建刚、郭永良:《合作治理背景下行政机关法律角色之定位》,载《江汉论坛》2014 年第 5 期。

[186]韩松:《农民集体土地所有权的权能》,载《法学研究》2014 年第 6 期。

[187]张锐昕、董丽:《公共服务质量:特质属性和评估策略》,载《北京行政学院学报》2014 年第 6 期。

[188]王军、张亚男等:《矿区土地复垦与生态重建》,载《地域研究与开发》2014 年第 6 期。

[189]宋志红:《美国征收补偿的公平市场价值标准及对我国的启示》,载《法学家》2014 年第 6 期。

[190]孙婧:《发达国家矿区土地复垦对我国的借鉴与启示》,载《中国国土资源经济》2014 年第 7 期。

[191]王敬波:《政府信息公开中的公共利益衡量》,载《中国社会科学》2014 年第 9 期。

[192]赖静萍:《当代中国领导小组类型的扩展与现代国家成长》,载《中共党史研究》2014 年第 10 期。

[193]邓佑文:《行政参与的权利化:内涵、困境及其突破》,载《政治与法律》2014 年第 11 期。

[194]任进:《推行政府及部门权力清单制度》,载《行政管理改革》2014 年第 12 期。

[195]许玉镇、王颖:《民生政策形成中利益相关者有序参与问题研究——基于协商民主的视角》,载《政治学研究》2015 年第 1 期。

[196]柳亦博:《论合作治理的生成:从控制、竞争到合作》,载《天津社会科学》2015 年第 3 期。

[197]宋玉波、陈仲:《论人本化行政》,载《理论探讨》2015年第3期。

[198]许宗力:《独立机关——我国台湾地区行政组织法的难题》,载《行政法学研究》2015年第3期。

[199]关保英:《行政程序滥用研究》,载《现代法学》2015年第3期。

[200]朱宝丽:《合作监管的兴起与法律挑战》,载《政法论丛》2015年第4期。

[201]高秦伟:《社会自我规制与行政法的任务》,载《中国法学》2015年第5期。

[202]沈岿:《风险交流的软法构建》,载《清华法学》2015年第6期。

[203]李启家:《环境法领域利益冲突的识别与衡平》,载《法学评论》2015年第6期。

[204]杨志云、殷培红等:《政府部门职责分工及交叉的公众感知:基于环境管理领域的分析》,载《中国行政管理》2015年第6期。

[205]刘淑华:《大数据时代网络抗争治理——基于江苏启东事件的个案研究》,载《中国行政管理》2015年第7期。

[206]蒋敏娟:《法治视野下的政府跨部门协同机制探析》,载《中国行政管理》2015年第8期。

[207]王玲、马东春:《政府主导的城市地下水生态补偿机制研究》,载《环境保护》2015年第17期。

[208]何苗、陈风林等:《土地复垦监管现状与阶段性特征》,载《科技展望》2015年第19期。

[209]赵谦:《基于农民认知的土地整理监管共治式建构》,

载《西北农林科技大学学报(社会科学版)》2016 年第 4 期。

[210]刘超:《我国页岩气开发土地复垦制度之缺陷与矫正——基于〈环境保护法〉视阈》,载《南京工业大学学报(社会科学版)》2016 年第 4 期。

[211]翁孙哲:《英国污染场地修复的立法与实践研究》,载《云南大学学报(法学版)》2016 年第 3 期。

[212]谭冰霖:《环境规制的反身法路向》,载《中外法学》2016 年第 6 期。

[213]田博文、田志龙:《网络视角下标准制定组织多元主体互动规律研究》,载《管理学报》2016 年第 12 期。

[214]章志远:《新〈行政诉讼法〉实施对行政行为理论的发展》,载《政治与法律》2016 年第 1 期。

[215]李长健、张伟:《农民土地权益的利益结构与利益机制研究——基于农村社区的发展》,载《华中农业大学学报(社会科学版)》2016 年第 1 期。

[216]朱谦:《环境公共利益的法律属性》,载《学习与探索》2016 年第 2 期。

[217]谭冰霖:《行政主体低碳化的法律规制——一个组织法的视角》,载《东岳论丛》2016 年第 2 期。

[218]赵谦:《农民参与土地整理监管所需制度空间的实证分析》,载《中南民族大学学报(人文社会科学版)》2016 年第 3 期。

[219]赵谦:《基于农民认知的土地整理监管共治式建构》,载《西北农林科技大学学报(社会科学版)》2016 年第 4 期。

[220]张翔:《刑法体系的合宪性调控——以"李斯特鸿沟"为视角》,载《法学研究》2016 年第 4 期。

[221]秦小建:《言论自由、政治结构与民主协商程序的多元构造》,载《法制与社会发展》2016 年第 5 期。

[222]刘福元:《部门间行政协作的困境与出路——以城市管理综合执法为例》,载《当代法学》2016 年第 5 期。

[223]唐绍均、蒋云飞:《论基于利益分析的"环境优先"原则》,载《重庆大学学报(社会科学版)》2016 年第 5 期。

[224]王贵松:《风险行政的组织法构造》,载《法商研究》2016 年第 6 期。

[225]宋华琳:《论政府规制中的合作治理》,载《政治与法律》2016 年第 8 期。

[226]关保英:《论行政合作治理中公共利益的维护》,载《政治与法律》2016 年第 8 期。

[227]蓝强:《人与自然和谐共生的多维取向》,载《重庆社会科学》2016 年第 11 期。

[228]李毅:《构建社会合作治理体系的几个要点》,载《人民论坛》2016 年第 35 期。

[229]张润君:《合作治理与新农村公共事业管理创新》,载《中国行政管理》2017 年第 1 期。

[230]苟欢:《合作治理:社会治理变革的新探索——中国"合作治理"研究(2000~2016)文献综述》,载《公共管理与政策评论》2017 年第 1 期。

[231]刘利花、杨永福等:《基于粮食安全的耕地保护补偿研究》,载《西北农林科技大学学报(社会科学版)》2017 年第 1 期。

[232]陈阳:《论我国土地督察制度良善化进路——以中央与地方关系为视角》,载《东方法学》2017 年第 2 期。

[233]胡厚翠、顾丽梅:《合作治理研究的文献解读》,载《中

共福建省委党校学报》2017 年第 2 期。

[234]徐婵:《辽宁省历史遗留和自然灾害损毁土地调查》,载《测绘与空间地理信息》2017 年第 3 期。

[235]叶必丰:《区域协同的行政行为理论资源及其挑战》,载《法学杂志》2017 年第 3 期。

[236]党秀云:《论合作治理中的政府能力要求及提升路径》,载《中国行政管理》2017 年第 4 期。

[237]汤金金、孙荣:《全过程治理:风险社会下公共冲突弹性治理机制建设》,载《党政研究》2017 年第 5 期。

[238]张开云、叶浣儿等:《多元联动治理:逻辑、困境及其消解》,载《中国行政管理》2017 年第 6 期。

[239]叶必丰:《行政组织法功能的行为法机制》,载《中国社会科学》2017 年第 7 期。

[240]赵谦:《互助与自足:土地复垦监管的共同体关系及功能》,载《暨南学报(哲学社会科学版)》2017 年第 8 期。

[241]刘锦:《地方政府跨部门协同治理机制建构——以 A 市发改、国土和规划部门“三规合一”工作为例》,载《中国行政管理》2017 年第 10 期。

[242]张青波:《自我规制的规制:应对科技风险的法理与法制》,载《华东政法大学学报》2018 年第 1 期。

[243]张翔:《我国国家权力配置原则的功能主义解释》,载《中外法学》2018 年第 2 期。

[244]章志远:《当代中国行政行为法理论发展的新任务》,载《学习与探索》2018 年第 2 期。

[245]齐湘泉:《基本原则与宣示性条款之辩——〈涉外民事关系法律适用法〉第 3 条再解读》,载《清华法学》2018 年第 2 期。

[246]张翔:《国家权力配置的功能适当原则——以德国法为中心》,载《比较法研究》2018 年第 3 期。

[247]李光宇、吴次芳:《土壤微生物研究在农田质量评价中的应用》,载《土壤学报》2018 年第 3 期。

[248]夏锦文:《共建共治共享的社会治理格局:理论构建与实践探索》,载《江苏社会科学》2018 年第 3 期。

[249]马英娟:《监管的概念:国际视野与中国话语》,载《浙江学刊》2018 年第 4 期。

[250]冯洋:《论个人数据保护全球规则的形成路径——以欧盟充分保护原则为中心的探讨》,载《浙江学刊》2018 年第 4 期。

[251]马怀德:《政府信息公开制度的发展与完善》,载《中国行政管理》2018 年第 5 期。

[252]赵谦:《机构建制与治理:土地复垦监管组织条款的规范分析》,载《东方法学》2018 年第 5 期。

[253]张书涛:《政府绩效评估的多层治理与偏差控制:一个政策协同的分析框架》,载《河南师范大学学报(哲学社会科学版)》2018 年第 6 期。

[254]李哲、李梦娜:《供给侧结构性改革背景下农村土地整治路径探析》,载《农村经济》2018 年第 8 期。

[255]夏志强、谭毅:《公共性:中国公共行政学的建构基础》,载《中国社会科学》2018 年第 8 期。

[256]孔祥斌、张蚌蚌等:《基于要素—过程—功能的耕地质量理论认识及其研究趋势》,载《中国土地科学》2018 年第 9 期。

[257]张德智:《政府与社会间合作治理的实现途径研究》,载《改革与开放》2018 年第 11 期。

[258]张先贵:《中国语境下土地发展权内容之法理释明——立足于"新型权利"背景下的深思》,载《法律科学》2019年第1期。

[259]王小钢:《生态环境修复和替代性修复的概念辨正——基于生态环境恢复的目标》,载《南京工业大学学报(社会科学版)》2019年第1期。

[260]应松年:《对〈行政复议法〉修改的意见》,载《行政法学研究》2019年第2期。

[261]成金华、尤喆:《"山水林田湖草是生命共同体"原则的科学内涵与实践路径》,载《中国人口·资源与环境》2019年第2期。

[262]高富平:《个人信息使用的合法性基础——数据上利益分析视角》,载《比较法研究》2019年第2期。

[263]谢小芹:《"脱域性治理":迈向经验解释的乡村治理新范式》,载《南京农业大学学报(社会科学版)》2019年第3期。

[264]赵谦、陈祥:《领导小组功能适当化:高标准农田建设机构建制条款的规范要义》,载《中国土地科学》2019年第3期。

[265]刘玉珍、程军:《土地调整的普遍性习惯与法律性规定的冲突及其化解路径》,载《农村经济》2019年第3期。

[266]胡振琪:《再论土地复垦学》,载《中国土地科学》2019年第5期。

[267]胡卫卫:《公众充权:农村政治生态重构中公众参与的路径指向》,载《农业经济》2019年第5期。

[268]刘连泰:《中国合宪性审查的宪法文本实现》,载《中国社会科学》2019年第5期。

[269]黄征学、蒋仁开等:《国土空间用途管制的演进历程、

发展趋势与政策创新》，载《中国土地科学》2019 年第 6 期。

[270]陈红梅：《生态修复的法律界定及目标》，载《暨南学报(哲学社会科学版)》2019 年第 8 期。

[271]丁振民、姚顺波：《区域生态补偿均衡定价机制及其理论框架研究》，载《中国人口·资源与环境》2019 年第 9 期。

[272]吴明熠：《依法行政决策协商程序构建中的价值冲突与选择》，载《行政与法》2019 年第 9 期。

[273]马先标：《三大国情下的我国农地金融发展模式问题再探讨》，载《福建论坛(人文社会科学版)》2019 年第 10 期。

[274]张锋：《我国协商型环境规制构造研究》，载《政治与法律》2019 年第 11 期。

[275]肖新喜：《论社会权请求权》，载《江海学刊》2020 年第 1 期。

[276]韩旭至：《信息权利范畴的模糊性使用及其后果——基于对信息、数据混用的分析》，载《华东政法大学学报》2020 年第 1 期。

[277]王旭：《重大传染病危机应对的行政组织法调控》，载《法学》2020 年第 3 期。

[278]韩宁：《中华人民共和国成立以来农村土地经营政策演进研究》，载《重庆理工大学学报(社会科学)》2020 年第 3 期。

[279]赵谦、董亚辉：《土地复垦监管行为规范的主体性合作治理形式选择》，载《中国土地科学》2020 年第 3 期。

[280]赵谦、王鹏尧：《素质、协同与互动：土地复垦合作监管的规范“三题”》，载《华中农业大学学报(社会科学版)》2020 年第 4 期。

二、外文文献

（一）著作类

[1]Wenche E. Dramstad, James D. Olson & Richard T. T. Forman, *Landscape Ecology Principles in Landscape Architecture and Land-use Planning*, Island Press, 1996.

[2] Sullivan Shane, *Land Law: Theory and Practice*, Taylor and Francis, 2018.

（二）期刊论文类

[1] Frederick R. Steiner, Richard W. Dunford, R. Dennis Roe, William R. Wagner & Lloyd E. Wright, *The Use of the SCS Agricultural Land Evaluation and Site Assessment (LESA) System in Whitman County, Washington*, 1 Landscape Journal(1984).

[2] Jerome G. Rose, *Farmland Preservation Policy and Programs*, 3 Natural Resources Journal(1984).

[3]Ward Robert M., *The US Farmland Protection Policy Act: Another Case of Benign Neglect*, 1 Land Use Policy(1991).

[4]Krauss Michael I, *The Perils of Rural Land Use Planning: The Case of Canada*, 1 Case Western Reserve Journal of International Law(1991).

[5]Hoffmann Richard C., *Economic Development and Aquatic Ecosystems in Medieval Europe*, 3 The American Historical Review (1996).

[6]G. Van Huylenbroeck, J. Castro Coelho & P. A. Pinto, *Evaluation of Land Consolidation Projects (LCPs): A Multidisciplinary Approach*, 3 Journal of Rural Studies(1996).

[7] P. Bonfanti, A. Fregonese & M. Sigura, *Landscape*

Analysis in Areas Affected by Land Consolidation,1 Landscape and Urban Planning(1997).

[8] Mark W. Cordes, *Takings, Fairness, and Farmland Preservation*,3 Ohio State Law Journal(1999).

[9]Laura, Lovett,*Land Reclamation as Family Reclamation: The Family Ideal in George Maxwell's Reclamation and Resettlement Campaigns*, 1897 - 1933,1 Social Politics: International Studies in Gender,State & Society(2000).

[10]John L. Torbert & J. A. Burger,*Forest Land Reclamation*, in Richard I. Barnhisel,Robert G. Darmody & W. Lee Dan. els eds. , 41 Reclamation of Drastically Disturbed Lands(2000).

[11]Charles Coate,*You Put Politics in the Scale: Stewart L. Udall and Excess Land Law in California*, 1961 -1968, 4 The Social Science Journal(2001).

[12]J. Castro Coelho, P. Aguiar Pinto & L. Mira da Silva,*A Systems Approach for the Estimation of the Effects of Land Consolidation Projects (LCPs): A Model and Its Application*, 3 Agricultural Systems(2001).

[13] Rafael Crecente, Carlos Alvarez & Urbano Fra, *Economic, Social and Environmental Impact of Land Consolidation in Galicia*,2 Land Use Policy(2002).

[14]L. O. Z. Onyewotu et al. ,*Reclamation of Desertified Farmlands and Consequences for its Farmers in Semiarid Northern Nigeria: A Case Study of Yambawa Rehabilitation Scheme*,1 Arid Land Research and Management(2003).

[15]Yoshiko Ohkura,*The Roles and Limitations of Newspapers*

in Environmental Reporting. Case study: Isahaya Bay Land Reclamation Project Issue, 1 Marine Pollution Bulletin(2003).

[16] David C. Levy & Rachael P. Melliar-Smith, *The Race for the Future: Farmland Preservation Tools*, 1 Natural Resources & Environment(2003).

[17] Juan Tourino et al., *Research Article: A GIS-embedded System to Support Land Consolidation Plans in Galicia*, 4 International Journal of Geographical Information Science(2003).

[18] C. S. Singhal, *Community Participation in Land Reclamation Project: A Case Study*, 2 Asia-Pacific Journal of Rural Development(2004).

[19] Mark W. Cordes, *Fairness and Farmland Preservation: A Response to Professor Richardson*, 2 Journal of Land Use and Environmental Law(2005).

[20] Atsushi Ishii, *The Methods to Consolidate Scattered Tenanted Lots into Large Rice Paddy Lots by the Land Consolidation Projects in Japan*, 4 Paddy and Water Environment(2005).

[21] Karolina Krolikowska et al., *Institutional and Environmental Issues in Land Reclamation Systems Maintenance*, 8 Environmental Science & Policy(2009).

[22] Demetris Demetriou, John Stillwell & Linda See, *Land Consolidation in Cyprus: Why Is an Integrated Planning and Decision Support System required?*, 1 Land Use Policy(2012).

[23] Tayfun Cay & Mevlut Uyan, *Evaluation of Reallocation Criteria in Land Consolidation Studies Using the Analytic Hierarchy Process (AHP)*, 1 Land Use Policy(2013).

[24] Zhengfeng Zhang et al. , *An Evaluation System for Arable Land Consolidation Potential and its Application in China*, 4 Outlook on Agriculture (2013).

[25] Xuesong Kong et al. , *Thematic Maps for Land Consolidation Planning in Hubei Province, China*, 1 Journal of Maps (2014).

[26] Xue Jian et al. , *Development of Evaluation Model and Determination of Its Construction Sequence for Well-facilitied Capital Farmland*, 5 Transactions of the Chinese Society of Agricultural Engineering (2014).

[27] Athanasios Kampas et al. , *Rapid Assessment of Irrigation Full Cost: An Application for the Pinios Local Organization for Land Reclamation, Greece*, 1 Water Resources and Economics (2014) .

[28] Laurie Ristin & Gabriela Steier, *Losing Ground: A Clarion Call for Farm Bill Reform to Ensure a Food Secure Future*, 1 Columbia Journal of Environmental Law (2016).

[29] Miller, Tara J, *Divorce & Farmland: What Is the Best Solution*, 1 Drake Journal of Agricultural Law (2017)

[30] Phelps & Jess R, *Defining the Role of Conservation in Agricultural Conservation Easements*, 3 Ecology Law Quarterly (2017).

[31] Laura Alford & Sarah Berger Richardson, *Right-to-Farm Legislation in Canada: Exceptional Protection for Standard Farm Practices*, 1 Ottawa Law Review (2018 – 2019).

[32] Christopher Rodgers, *Delivering a Better Natural Environ-*

ment: *The Agriculture Bill and Future Agri-Environment Policy*, 1 Environmental Law Review(2019).

[33] SONG Wen et al. , *Arrangement of High-standard Basic Farmland Construction Based on Village-region Cultivated Land Quality Uniformity*, 2 Chinese Geographical Science(2019).

[34] Rodgers & Christopher, *Towards a "New" Agricultural Law*: *Securing "Public Goods" from Agriculture*, 2 Drake Journal of Agricultural Law(2019).

[35] Man Li, *The Effect of Land Use Regulations on Farmland Protection and Non-agricultural Land Conversions in China*, 3 Australian Journal of Agricultural and Resource Economics(2019).

[36] Chao Zhang, Xue Wang & Yujie Liu, *Changes in Quantity*, *Quality*, *and Pattern of Farmland in a Rapidly Developing Region of China*: *A Case Study of the Ningbo Region*, 3 Landscape and Ecological Engineering(2019).

[37] Adriaan Bedner & Yance Arizona, *Adat in Indonesian Land Law*: *A Promise for the Future or a Dead End?*, 5 The Asia Pacific Journal of Anthropology(2019).

[38] Ancinez & Bryan Triana, *The Invisible Line*: *Land Reform*, *Land Tenure Security and Land Registration*, 1 Estudios Socio-Juridicos(2020).

[39] Marzen & Chad G, *Purchase Options in Agricultural Farmland Leases*, 1 Drake Journal of Agricultural Law(2020).

[40] Chris Huggins & Christol Paluku Mastaki, *The Political Economy of Land Law and Policy Reform in the Democratic Republic of Congo*: *An Institutional Bricolage Approach*, 2 Canadian

Journal of Development Studies(2020).

[41] Andreitsev & Volodymyr, *Scientific Doctrine of Forming a Modern System of Land Legislation and Law Based on Objects of Land Relations*, 3 Doctrine of Land Law of Ukraine(2020).

[42] Cometti & Zoe, *Possibilities of Limiting the Protection of Large-Scale Investments in Farmland*, 6 German Law Journal (2020).

[43] Coline Perrin et al., *Preserving Farmland on the Urban Fringe: A Literature Review on Land Policies in Developed Countries*, 7 Land(2020).